U0114561

戴朝福 著

中華文化的省思

臺灣學生書局印行

自序

中華文化是「人」的文化，它特別重視「人」的意義與價值。透過它，讓我們培養出超越的眼光，掌握到人生的方向與理想；透過它，也讓我們陶冶出寬廣的胸懷，多從正面去觀照事物，而對別人欣賞、同情、包容；透過它，更讓我們生發一股踐德的力量，承擔重重的橫逆，而勇敢地迎向未來。所以它可以安頓人生，讓我們在現實中活出生命的意義與莊嚴，建立起一可欽可敬的高尚人格。

中華文化也是「知行合一」的文化，它不只要我們追求客觀的知識，更要我們求取人生的智慧，此人生智慧的求取，不是要我們竟日枯坐冥想，乃必須在人倫日用中去實踐，從實踐中去體會，此即：由「知」以引導「行」，由「行」來印証「知」，知行合一，才能創造豐美的人生。

總之，中華文化在於提撕人的「靈」性，消泯人的「物」氣，使人人在現實的牽引下，仍能時時保持心靈的自覺，而成為自己的主人，所以它是人類的精神寶典。因此，教育部每年都舉辦文化復興徵文，希望借以喚醒國人對文化的省思，從而導正社會現實的習氣，找回精神生命的自我，本書中許多作品，即是對這項美意的回響。

全書共收十五篇論文，每篇篇幅或長或短，雖各自獨立，不相統屬，但都是針對文化的省思而發的，因此書中內容的安排，是聯貫的：先對文化的發揚及其在人倫日用中所彰顯的精神作一概述，再依個人、家庭、學校、社會、國家等人倫層面分別闡論文化的精神內涵，及其所能補濟時弊的一些見解，這些內容雖是一己所見所感，很多地方卻也是從古今賢哲的大作中讀來的心得，即見文化的精神能超越時空，接契於人心，這正是中華文化可大可久之處。

中華文化是「人」的文化，凡是有人的地方，都需要它，處在今日日益物化的環境裡，人將有不成為「人」的危機，人倫各層面出了問題，即應從文化精神的探討去尋找問題的癥結所在，然後才能從根上去謀求問題的解決，中華文化的重要性由此可見，讓我們一起來研究它，發揚、光大它。

戴朝福 謹識

民國八十五年十月

《中華文化的省思》

目次

論中華文化的精神及其發揚

一、中華文化的精神

談到文化，其內容涉及甚廣，剋就現實的存在而言，它乃是一由社會規範和行為模式所構成的體系，此中包含了民間習俗、習慣、價值系統、信仰與態度、典章制度、生活方式、思想型態、創作物或製造品的風格等等，也包含了宗教、哲學、科學、歷史、文學、技藝等等的文明成就，在如此千頭萬緒的文化現象中，吾人實難理出一個究竟來；然而文化乃是人創造的，是人之精神活動的表現，不是脫離人而獨立地擺在外面的東西，吾人若能把文化收納進來，而內在於人的生命，內在於人的精神活動，視文化為人格的精神表現，如此，就能使我的生命與文化生命相互照面，彼此通透不隔，就能真實地了解文化；而文化的自身有了精神，才有其成長的依據，有其發展的方向與理想，也才能由此而凸顯其意義。

中華文化的精神是什麼？一言以蔽之，即是道德理性，亦即是存在於人人身上的良知與仁心。中華文化有此精神，則在中國的政治體制中便講君敬臣忠，在家庭組織中便講父慈子孝，在人際關係中便講兄友弟恭，社會秩序憑此道德理性而得以維持，人與人之間依彼此的道德承擔而更加親密；一切以道德價值為取向，則文學及藝術創作便主張「文以載道」，對歷史朝代人物的評價，也重其道德行為的表現，而不在其功業的成就……，凡此，在在說明了中華文化的內在要求，即是一道德理性之表現的要求。

道德理性既人人都具有，則人之自身即是一道德主體的存在，人人都是一可以實現德性的中心，只要努力，「我欲仁，斯仁至矣。」（《論語·述而》）都可以成就如聖人一般的道德人格，而彰顯生命的價值，此「致人極」之內在的自覺工夫，即是儒家所強調的「內聖」之學，此內聖之學，與西方文化中的基督教教義不同，基督教認為：人只是一具有「原罪」的存在，生命中沒有一個可為「完美」的內在根據，因此，人不能自我完美，必須在對基督的信仰中，依賴耶穌基督（耶穌是經由上帝差遣下來的，不是他那個「人」經由「修養」而成的，他是「神而人」，不是「人而神」）的救贖，死後經過最後的審判，靈魂昇入天國，才能與那位人格神同在，而得到完美。此即是說：人人都可經由信仰而成為基督「徒」，而不能經由自己的修養而使自身成為基督。此開不出主體之門的「他力教」，與自我完美，無待他求之中國內聖之學的「自力教」迥異（佛教肯定眾生都有佛性，人人都可依之而「自力」修行成佛；道家「自力」修行而逍遙成「真人」、「至人」；此與儒家根據「自力」踐仁，便「人人皆可為堯舜」的精神有異曲同工之處，所以能相激相盪而融於中華文化之中），此正是中華文化與西方文化的精神差別處。

然則，道德理性不是一空蕩蕩的形上概念，它隨時都在起作用，隨時都是一個「純亦不已」的活體，是生生之德，也是生生之道。正因是生生之德，所以人只要躬行實踐自我生命中本有的道德心之仁（仁即內在於吾人生命中，為吾人生命之根本與主宰的道德創造性），則不必祈慕一高高在上之外在人格神的天，而那個「於穆不已」的「天命」自會在我們生命中呈現；也正因它是生生之道，因而當其顯發，通貫於人間社會，即形成一切的倫常，而成為吾人賴以安身立命的生活軌道。

吾人順此軌道以進，則自能開出生命的途徑，「下學上達」，以成就生命之「質」的純一與高明，「親親而仁民，仁民而愛物」，使自己與家、國、天下合一，與天地萬物為一體，以成就生命之「量」的廣大與博厚，此貫上下，通內外，合天人，一方面「內聖」以成己，一方面「外王」以成物，正是道德理性要求之所歸趨，也是中華文化所必有的精神表現。

由是吾人可知：中華文化所蘊存的，乃是一「以人為本，以生命為中心」、「本天道以立人道，立人德以合天德」、「以仁為體，以智為用」的精神方向，這種具有普遍性與永恆性的道德精神方向，正是人類生活的基本原理，也是人類一切文化的共同基礎。

二、發揚中華文化的意義

中華文化的精神既是人類文化的共同基礎，則吾人談發揚文化，其意義當是「返本開新」，以創造文化的新生命，而不是一味地以移花接木的方式，將他人的文化盲目地吸納進來。此所謂「返本」，指的即是返於「中華文化之精神」的本，此「本」是一歷久彌新的常道(常道是一永恆的超越，無所謂新舊，也無所謂古今)，故發揚文化，便不是守舊，也不是復古。吾人對文化的發揚，其重點當放在精神上講，不應放在器物或制度上講，蓋器物雖是一現有的實際存在，可使人發思古之幽情，然有其「可毀性」，不足為恃；制度雖也是一文化的實蹟，可載諸典籍而供人研究，然有其「可變性」，也不足為恃，因為二者都是文化的「表」，不是文化的「裡」、文化的「根」，只要吾人的文化有根，則器物即或全毀了，制度即或全變了，吾人依然可以沐浴在文化的精神中，而展現出真正中華民族的風格，所以講文化的發揚，應就文化的「根」、文化的「精神」來講

中華文化之所以悠久，絕非歷史的偶然，而是文化之中有一道德理性在主導著生命的方向，使文化生命顯發正面的意義，表現積極的功能，在文化發展的過程中，去蕪存菁，一方面淘汰所當淘汰的，一方面滋生所當滋生的，如此，才能源遠流長，歷久彌新。所以吾人要發揚文化，須先守常，再求應變，此之謂「返本開新」。返本是為了開新，開新則必須返本，通過「返本」以求「開新」，則前人的文化業績才能獲得珍惜與尊重，而吾國文化的慧命也才得以繩續與發揚，若只知「開新」而不知「返本」，則便易陷於一盲目的蠢動，或當變而不知變，或不當變而妄變，因此守不住常必定應不了變，應變原不是為了競逐時新，而

是為了保守常理常道；然則，道雖恆常不變，其「表現」道的方式，則必須隨事而變，因時制宜；此「時」有其恆常性，也有其變化性，孟子曰：「可以速則速，可以久則久，可以處則處，可以仕則仕……，孔子，聖之時也。」（《孟子．萬章下》）變與不變，完全以一「可」字來作準繩，當速才速，當久才久，並非隨心所欲，想速便速，想久便久，此即是「時」的恆常性，然而如何才速，如何才久，則無一定的模式可尋，此即是「時」的變化性，恆與變之間，如何「時中」以「開新」，實是發揚文化所當講求的智慧，吾人唯時時提撕本有的道德理性，掌握當下唯一的事幾，以作最恰適的權衡抉擇，成就眼前一切的事實，如此，才是正確的文化導向，也才能豐富文化所需要的內容，而發揚中華文化也才能獲得真正的意義。

三、發揚中華文化的方向及其內容

上述謂成己（內聖）成物（外王）是中華文化精神所必趨的要求，則吾人要光大中華文化的理想，一方面不僅要「返本」，緊扣心性之學，以自覺自身是一「道德實踐的主體」，一方也要「開新」，以求政治上也能自覺為一「政治的主體」，在自然界、知識界中求一「認識的主體」及「實用技術的活動主體」，此即是說：發揚中華文化不僅要在倫理道德方面下工夫，同時也要在民主、科學方面下工夫，如此，空靈性之文化內容的「理」，與實質性之文化內容的「事」相互配合，才能使吾人之人格有更高的完成，中華民族之客觀的精神生命也才有更高的發展，所以倫理、民主、科學三者，實是發揚中華文化所必走的方向。

(一) 在倫理方面

道德理性所開顯的「生活原則」及「生命途徑」，已為中華文化立下了道統，顯出了特色，此以人為本，講仁義忠信，講立己成己、立人成物，使人的生命不斷向上升進，向外開擴，不只創造了充實飽滿的人生，更建立了安和均平的社會，所以發揚倫理的精神，實是吾人今後所當繼續努力的目標，尤其為因應今日的變遷社會，吾人更當朝下列幾點去努力：

1. 培養儒家的氣象與風度：在工商社會裡，人們最易為物所蔽，而陷於短視、功利、自私、迷糊，因此吾人更當注重儒家的倫理精神，消除物化的心習，使人從奢靡與暴戾的物化陷溺中解放出來，以回歸於做人的本位上，在生活中培養出儒者應有的氣象與風度，不僅讓政治家成為「儒臣」，醫生成為「儒醫」，工商人士也當都成為「儒工」、「儒商」……，人人有了這種氣象，則心靈便可自由自主，而從黏滯的機括中活出生命的意義來。

2. 建立新的禮教觀念：道德理性原即是一種道德實踐的創造性，因此面對新的時代，也必自求「因革損益」，以開闢合情合理合時的新禮教，這種新禮教一建立，則諸如男女之間的問題，就不再守殘抱闕地遵循「父母之命，媒妁之言」，也不再有男女授受不親的社交隔閡，而男女的愛慕相思，在道德理性的引導下，所求的必符合「關雎」之詩意的愛，而無絲毫之淫猥瀆褻的邪思夾雜其間，人人受新禮教的陶冶，便無所謂「代溝」，男女正當的交往，自為家庭社會所讚許，男女正當的結合，也必為社會國家的法律所承認，如是，則婚姻便不純是個人的享受，也非純是解決個人性慾的問題，乃是一具有對家庭、社會、民族負起責任的道德表現；一切倫理道德的實踐能如此地切合時代來發揚，則吾人之精神生命必能展現出新的品貌，一切酒食徵逐、肉慾放縱、個人享樂的婚姻、發瘋、自殺、決鬥的狂情熱戀等等青年男女的墮落與病態，都可獲得圓滿的解決。

3.充拓五倫以外的關係：由於社會型態的改變，人為求自身的發展，便走出家鄉，到陌生的工商社會中施展抱負，由是安土重遷一轉而為游離浮動，鄉土觀念因而淡薄，人浮泊無依，舉目無親，對陌生的他人冷漠，對陌生的社會也日趨疏離，生命既無依止停靠之處，一切便都視為過渡，而不是終極，由是佔道擺攤，亂棄廢物，凌晨引吭高歌，午夜喝酒喧擾，乃至工廠排廢氣廢水，破壞生態環境等等妨害他人之情事，便都不覺為自己道德應有的負擔，而無愧無怍。挽救此弊，則當將「親親而仁民，仁民而愛物」（《孟子·盡心上》）的道德精神發揚出來，在五倫之外，建立起善待陌生人（仁民）之「群己關係」的第六倫，從而建立起環境保護（愛物）的第七倫，如此，公共道德的意識就可建立起來，而固有的倫理精神也才能進一步地得到發揚。

（二）在民主方面

「民為貴，社稷次之，君為輕。」（《孟子·盡心下》）「天視自我民視，天聽自我民聽。」（《尚書·泰誓》）中國文化中早就有濃厚的民本意識，唯因在政治上，道德理性只止於「運用的表現」，而未作「架構的表現」（詳見牟宗三《政道與治道》），以至無法從傳統的政治體制中翻轉出一客觀的法制，以成就人民之為一「政治的主體」。易言之，傳統之聖君賢相形態的體制只是「治道」，而不是客觀法制的「政道」，由是「朝代更替，治亂相循」、「君位繼承，宮廷鬥爭」、「宰相地位，受制於君」等等重大的政治問題，便一直無法獲得解決。此即是說：中國政治制度如不能從「治道」轉出，則自成就「道德主體性」而言，即令有聖君德治天下，仍只是君王一人之道德主體的自立，成就其一人之道德理性而已，故在政治上的表現，只是其一人的獨聖，此「聖」只為其一人所專獨，則是「私聖」，非「大而化之」的真聖，而人民依然只是一被動的德化接受者，仍未能從政治中樹立自身的道德主體來。自君位的繼承而言，則君一居其位，即能進而不能退，縱有聖人在下，永無為君之日，則又能退而不能進，此雖有禪讓之制來補其不足，然而禪讓如單憑君王個人的好惡，則仍是私而非公，且容易成為野心政客之篡奪的借口。自君權的制衡而言，則雖有宰相、御史制度可使君王在政府內部的權力受到一些道德上的限制，然而此制度的本身，是否為君王所尊重，唯繫於君王個人的道德，若他不加尊重，又無一為君臣子民所共認的根本大法來限制他，則便有抗暴及類似的情事發生，而導致政治社會秩序的混亂，凡此，都與道德精神相違。所以欲從政治層面成就中華文化的精神，則必須將君主制度轉化為民主制度，亦即從「治道」之中翻出「政道」，如是，則僅由政府內部之宰相御史等對君王權力所施的限制，必能轉出而成為政府外部之人民的權利，而對政府權力作一有效的限制；僅由君王加以採擇與最後決定而後施行的政治制度，必化為由全體人民建立的政治制度（此即是憲法下的政治制度）；僅由篡奪、戰爭始能移轉的政權，也必化為可由政黨間作和平移轉的政權，此時君王所居的政位，也必公諸於世，成為人人可居的公位，能肯定、敬重這種人人可居的公位，即是肯定、敬重人人都有平等的政治權利，肯定、敬重人人為一「政治的主體」，依人人的公意而制定憲法，以作為共同行使政治權利的運行軌道，這便是一民主憲政的政治。唯實施這種政治體制，人人才能依其「道德主體」的主宰性，而表現其自身的活動於政治上，如此，才是中華文化中的道德精神自身發展之所要求。

民主憲政既為道德理性之在政治層面上之所必求，則為不使民主精神變質，在實踐上，吾人當注意下列幾點：

1.堅守儒家的法治精神：民主與法治是一體的兩面，所以講民主，必須也同時重法治，如此，才有一運行的軌道可循；而講法治，則當採儒家的法治精神，使法治與禮治、法律與道德、法理與人情相輔相成，兼容並包，以成就一完善之政治形式的架構，依此架構及政治建設的本性來推行，才可使人人坦誠相待，分工合作，而表現出道德理性在政治上的客觀精神；否則，如採法家的法治精神，則必淪於刻薄寡恩，急功好利，無情無義，將演變為獨裁專制，而失去民主原本的意義。

2.培養政治決定之理性的「量」：民主政治有一本質上的內在缺點，即以「量」的方式來決定「質」的問題。吾人如無政治的慧覺，共同在此慧覺中以法律制度來客觀化自己，則單憑選票的多寡（量），實仍無法保證真可達到「選賢與能」（質）的目的，無法保證真可走到理想的政治方向（質）上去，要成就政治的「質」，必須配合培養此決定政治的「量」，使之成為理性的「量」，而非盲從的「量」，此一則需要教育，再則需要時間，所以是一漫長的歷程；「欲速則不達」，吾人要民主政治進步，必須循次漸進，共同努力，耐心地求問題的解決，如一味將歐美式的民主方式硬生生地移植過來，揠苗助長，不見其利，恐已先受其害了。

3.摒棄泛民主的意識：實行民主制度，使人人在政治上為一自覺的「政治主體」，乃中華文化精神之所必求，然而民主只能是政治生活的軌道，而不可為一切生活的軌道，若處處講民主，人人以自我為本位，則在倫理的生活軌道中，必失去親尊長敬友恭之序，一切倫常遭到破壞，便斲喪文化生命的「根」，而與文化的發揚精神大相違背。

(三) 在科學方面

儒家重視「正德、利用、厚生」（《尚書．大禹謨》），「正德」屬內聖（道德主體之自覺）的要求，而「利用」、「厚生」則屬外王（客觀之道德事業）的要求，外王的客觀事業除了要講求民主，還要講求科學，如此，才能使儒家外在的道德要求獲得進一步的完成與開展。

中國文化傳統中原本即缺乏科學精神，此乃因未能從重視「德性主體」轉出為「知性主體」，以成就科學知識之故。其所以未能轉出，即因道德心的表現，是要與事事物物相感通，要「天地萬物為一體」，此與採取「主客對列，心物相對」方式來進行認知活動的認知心不同，蓋道德心不能直接成就知識，要使「道德主體」轉而為「知性主體」，使「認知心」從道德心的籠罩之下透顯而獨立起來，則首當先置定一客觀的現象世界，而暫時收歛起吾人一切實用的活動和道德實踐的活動，超越吾人對客觀事物之一切利害的判斷，與道德價值的判斷，而讓認識心的主體，一方面衣被於所呈現於此主體之前的一切現象，一方面順其理性的運用，從事純理論的推演，使客觀對象世界之條理及此理性之運用中所展現的思想範疇、邏輯規律呈現於此認識心靈之前，而一一加以清明的觀照、涵攝，如此，才能產生「主客對列」的思考方式，也才能確立起「重視學理與不計較實用」的求知態度，而科學的心智也才能獲得開啟，純知識的學理，也才真正能夠建立起來（參見唐君毅《中華人文與當今世界》中之〈中國文化與世界〉一文），而「正德」之事，多了這一理論科學知識的擴充以為媒介，就可通到廣大的「利用」、「厚生」之事，如是，就不致使道德主體的向外交通之門路閉塞，而使此主體之自身趨於寂寞與乾枯。

然而吾人須知：當「主客對列」的思考方式與「重視學理而不計較實用」的求知態度成就認識主體，而完成其認識的任務後，吾人須將暫時退隱於認識主體之後的道德主體重新提撕起來，然後再施其價值判斷，從事道德的實踐，並引發其實用的活動，如是，吾人的道德主體，才能升進而主宰其自身的進退，並主宰認識主體之自身的進退，能如此地「開新」又「返本」，才是最高的「道德主體」之心，而科學的成就，也才能在這種道德主體的引導下，成就更多的道德客觀事業，以滿足「利民之用，厚民之生」的要求，如此，才符合吾人發揚文化的意義。

科學要符合「利民之用，厚民之生」，則吾人從事科學之事，當有下列兩點體識：

1.科學須正用：中華文化的精神方向在「以人為本，以生命為中心」，所以德性的實踐，在成就人之生，捨人生，道德之客觀事業的表現就無意義可言，吾人既將科學納於發揚文化之事中，則必須將其成果引用到民生上來，即令發展軍事科技，乃只為鞏固國家，抵禦外患，保衛國家人民的生命安全方可，否則，彼此競武黷武，交相侵略殘殺，科學的進步，只會加速人類的滅亡。

2.科學非全能：凡科學，都有其限度與範圍，蓋科學的特性在於以「理智」來研究，理智所分析綜合的對象，是自然的物質現象，與客觀的具體事實，它雖可增加吾人的知識，然而它畢竟只認知平鋪的事實，只以平鋪事實為對象，此中無所謂「意義」，也無所謂「價值」，然而人的精神生命在科學的「事實世界」之外，必有一「價值世界」、一「意義世界」在，這都不是科學的對象，也不是科學研究之所及，因此吾人發揚文化，雖必須重視科技，開出知識之學，卻不當迷信科學一層論，理智一元論，否則，執著於泛科學、泛事實、泛理智的態度，將只知有物，而不知有人，一切道德行為在經不起理智的疑問與分析下，人的精神生命就無意義與價值可言，此便與吾國文化之本大相違背，可不慎歟？

綜上所述，發揚文化除了當充拓倫理關係外，民主與科學實也是豐富文化內容之所必求，然而二者都有其限制性，吾人當以高度的德慧，取其長而去其短，如此，文化才能真正得到滋養。

四、發揚文化應有的態度與作法

一切文化發展的方向，一切文化內容的充實，既都在求成就道德理性的客觀實踐，則吾人發揚文化，也當時時以此虛靈明覺、自由自主的道德理性來做文化內容的取捨依據，以此道德理性來應對事物，從事道德的實踐，也當以此道德理性來前瞻世界文化未來的發展，由是吾人對發揚中華文化，當持具下列幾種態度與作法：

1.必須要有文化互重的心量：「人同此心，心同此理」，然而文化不就是這個心、這個理之自己，乃是此心此理的表現，光說這個心、這個理，則無所謂文化，它只是創造文化的本源，而本身不是文化。要使文化有所表現，必須藉重氣質，心雖有其普遍性與共通性，然而氣質也有其特殊性與限制性，由是文化即令有同心同理的指導，卻在受氣質的限制下，而有不同的表現，不同氣質而表現出各種不同的文化精彩與價值，這正是文化表現方式所涵之「不同」的可貴處。中華文化首在把握生命，講「正德、利用、厚生」以安頓此生命，從而開出仁義的心性，成為「仁」的系統之學；西方文化依希臘傳統，首先把握了自然，而開出了邏輯、數學與科學，成為「智」（智也是心、理之形態）的系統之學，彼此文化發展的理路雖然不同，然而理路有其特殊性，也有其普遍性，都有其心光交映之處，都值得同情與互重，所以吾人發揚文化，固不當以中華文化自身之特殊性而止於此特殊，使之成為一頑固的死文化，也不當顢頇於文化的共通性，而忽略彼此之民族氣質表現的不同，迷妄於渾同之中而妄言大同，而不知彼此歷史文化各有其價值，各有其可敬可尊之處，此所以吾人之發揚文化，當保持文化的自主性，守住民族文化的根本，再進而取法他國的文化長處，以補濟、成就吾人更輝煌的文化，如此，才不致使自身陷於「文化的殖民地」，同時也當敬重他國文化的自由與自主，以求彼此文化的會通，如此，才不致迷妄自大，而淪入「文化的帝國主義者」，唯如此互尊相重，才能使整個世界文化更多彩多姿，而中華文化也才可對世界文化盡一分滋潤與貢獻的力量。

2.必須要重視民族文化精神教育：教育的落實與否，關係著文化發揚的成敗，中華文化的根本既在民族文化的精神，則教育也必要是「民族文化精神的教育」，如此，才能把民族文化中屬於精神、智慧、光明生命的內容開顯出來，以與智識分子、青年學生、乃至社會大眾的生命與生活同一化起來，使人人在此「同一」中自覺是一具中國文化生命的中國人，人有此自覺的民族之文化認同，則一切過去的歷史文化，也才能活在吾人之憑弔、懷念的心靈中，也才能在研究過程中體會到過去的歷史文化之本身，乃是一無數代的人，以其生命心血一頁一頁寫成的，此中有血、有汗、有淚、有笑，有一貫的理想與精神貫注其間，如是，不只可把過去的歷史文化看作一客觀之人類精神生命的表現，同情而敬重之（同情與敬重乃是引導吾人的智慧光輝去照察、了解其他生命心靈之內部的一引線），對當今還真實存在於此歷史文化大流之中之有血有淚的人，其正使此客觀的精神生命表現能繼續發展下去的努力，也同情而敬重之，而自身也因而引生心靈的共鳴，願加入此陣容，共同為中華文化竭盡心力。如是，則吾人為發揚文化而從事學術的研究，就可推擴「自己之當下自覺是活的」之一念，而使此研究所得的結果，更具其客觀的意義，而不致視之為字紙簍中的「國故」，只待整理一番，便歸存檔案了；而青年學生們也才能從「只背歷史文化資料，只求獲得高分成績」的窠臼中超拔出來，而主動地把他們的生命、生活與歷史人物同一化起來。

由是觀之，今日要使民族文化精神教育落實，必須澈底地擺脫「教學形式化」、「內容資料化」，要澈底揚棄「結果成績化」、「成效分數化」，否則唯智是重，讓聯考領導教學，則成天熟誦古聖先賢的教訓沒有用，空談「為天地立心，為生民立命，為往聖繼絕學，為萬世開太平」，也只是大話，一切形式主義的教條，都只能在人們的幼稚、愚昧與閉塞的狀態中產生一些短暫性的麻醉作用而已，如此談發揚中華文化，便淪於口號而不切實際了。

3.必須要落到生活中去實踐：中華文化一直是活著的文化，而不是只存在於歷史上的陳跡，其所以是活著的文化，乃因它的精神原本就時時存在於吾人的生命中，所以文化要落實，要發揚，乃須要從吾人的生命精神中一層一層地透出去，而不應只從分散的歷史文物之各方面的零碎滓渣裡慢慢地綜結起來，所以只把一些古代的文物擺在家中點綴，只提倡一些民俗的技能，只從事一些「國故」的整理等等，都不切題，重要的，則是要落到現實生活中去咀嚼、體會，勇敢地面對現實，小者對區區一我之做人處事的問題，積極地謀求解決，大者對當前國家民族所遇逢的種種問題，多加一分用心與關懷，時時體察人情時勢，依自己的條件與性情，調整出自己所當處的方式，而戮力以赴，如此，才能活出生命的意義來，而中華文化也才能在吾人的生活中得到真正的發揚。畢竟發揚文化不是口號，而須具有圓熟的智慧，有實踐之業績表現的，而人最切近、最容易表現的，即在當下生活中的自我，吾人若能時時提撕自己，不糊塗，不苟且，面對諸般變化的情境，懂得運用靈活的理性去從事道德的實踐，自強不息，日新又新，也就符合文化的精神了

總之，吾人要發揚文化，當時時提撕起生命中的道德理性，放眼天下，存心萬古，一步一步踏實地去做，則每一步，便都可發出文化的光輝，每一步，也都有一步的價值，如是，談發揚文化，才不致流於空談。

五、結語

中華文化在「道德理性」這個精神的主導下，自來即有種種的自覺人生觀，所以要求人以一超越現實的心情，來調護其現實的生活，要求人不只把力氣往外表現，而耗竭淨盡，更要求人把氣力向內收斂，以識取並培養生命氣力的生生之原，這種視生命的價值為一永恆的價值，自然重視子孫，重視文化生命的傳承不絕，此所以能使我中華民族文化生命綿延於長

久而不墜。

「親者無失其為親，故者無失其為故」，凡有血性的中國人，都當自覺：我為真實存在的生命，乃存在於我之生為中華民族的一分子，並成長於中國歷史文化的教養、薰陶中，我所受的文化薰陶，乃是我生命存在之所依所根，因此我當愛中華文化，愛之正所以當發揚光大之，發揚光大即是由有所守以求進步，而保守與進步，也都依於「價值意識」之一根，保守乃因於我覺得我的生命及其所依所根以存在者之有價值，進步乃以此有價值者為對照，而見無價值者的存在，因而欲加以改變，以求更有價值者的實現，此「求更有價值的實現」，即表示了價值的無窮，而吾人之求價值的心量也無窮，唯此求價值的無窮心量，才能成就中華文化之博大與悠久的性格

由是吾人便知：發揚中華文化乃是一無限的歷程，也是一無限的承擔，曾子曰：「士不可以不弘毅，任重而道遠。仁以為己任，不亦重乎？死而後已，不亦遠乎？」（《論語・泰伯》）人人唯以武士的精神，站在自己當前所居的份位上，積極地做一切所能做所當做的事，而社會各方面也依其自性而撐開，各適其適，表現出「絜矩之道」的精神，便都是對文化的一種承擔，無數人有這種無數的文化承擔，彼此便可心光交映，而合成一無限的文化光輝。文化的發揚，原本是一多層面的表現，因而其推行，不只是政府所應負起的責任，也是人人都應共同負起的責任，亦唯人人一起來負，此上須對列祖列宗負責，下須對子子孫孫交代的重責大任，才能在無限的歷程中發揚光大。

如何體驗中華文化的精神

一、前言

(一) 人與文化

人與文化密不可分。《說文》云：「文，錯畫也，象交文。」此即暗示吾人：文化乃是人心之求與身感通，求與物感通，求與他心感通，乃至求與天地感通之過程中所創造出來的。人一生下來，便有心有身，心是生命的主宰，而身則可視為心之器、心之物。吾人之身體與外物相接觸而引生心的感覺觀念，這是一由外而內的關係，一人之自然性的表現；而心之主宰身體以運物，則是一由內而外的關係，一人之精神性的表現。人依心的自覺而主宰此身體與外物，使之表現心中的觀念、理想，以實現它的精神性，並客觀化此觀念、理想於外界，以使他人的心也有所感，而使他感動，此即是人的文化活動。是以只憑外物與身體的表現，不可謂之文化，只在心中生一觀念、理想，也不成文化活動（只可謂心理活動），必也心中的觀念、理想充實於內而表現於外，且為他人所感動，而進注於他心之內，以引生其觀念、理想，乃成文化活動，乃有文化可言，所以文化實可謂人精神的客觀表現，亦即是人心與人心、精神與精神相交的媒介與成果。

文化既為人心與人心、精神與精神相交的媒介與成果，則自有豐美吾人生活，成就、安頓吾人生命的作用，此即一方面使吾人生活各部門擴大、綜合成一整體的文化領域，一方面通過長期的歷史發展與演進，使文化成為一規範、指導個人人生，一涵攝而超越於個人人生之外之上的客觀存在。這種存在，不僅在我生之前即已存在，我死後，也仍持續存在，是故文化乃內具一可大可久的生命，而非脫離於人，現成地擺在外面之一堆堆的材料。

文化為人所創造，也是人之精神活動的表現，所以其生命乃是內在於人的生命，其精神即是古今聖賢豪傑所表現之諸偉大人格的精神，此即：文化生命的表現方式，實本於吾人生命人格之精神所表現的方式，是以吾人要了解文化，只有在當下我所居的文化生命之流中，以我的真實生命去照會、體驗此生命之流中的一草一木，一枝一葉，如是，舉凡一首好詩，一篇佳作，一部小說，一則聖賢豪傑的言行，一片段吾人所遵行的生活方式，都將引發吾人真實地了解文化，都將使文化生命活在吾人當前，而與吾人的個體生命相接相契，親切而不隔。夫然，吾人對於文化生命中的精采與成就，才能視為自己真實生命之分上事，而願加以發揚光大之，對於文化生命中的缺陷與病痛，也才能同樣視為自己真實生命之分上事，而謀求消除改進之，因此論文化，尤當重視其精神。

(二) 中華文化之根本精神

中華文化特重「人生」的智慧，因此其精神，以「人」為本，然而這與近代西方人所主張的人本主義、人文主義的精神迥異。蓋近代西方人所主張的人本主義、人文主義，只在凸顯「人」的獨大，反對宗教的重神與重天，而中國文化所顯的，則是：天大地大人亦大，人之所以「亦大」，正因為人是萬物之靈，了悟天道即人道，所以能承諸天而至誠如神，以達於天人之境，此將宗教中的超越情懷與其所嚮往之神的境界內在化，人因而能依其如天的仁心來裁成萬物，發育萬物，以曲成人文，化成天下，整個中華文化即在此「以天心為人心」的雰圍中展開，也都為「如在神前之真誠惻怛」的心情所貫注，如此之能夠移敬神之禮，以敬人與其文化，以對神的親情來對待天地萬物，而充量地實現宗教的精神，必能於人倫日用中，慧無所不運，情無所不通，而志行也無所不到，中華文化的精神即在此中彰顯。

中華文化之能重視「人」，實源於人心的自覺。心能自覺，便見其主動性，而心之此覺，乃是一虛靈明覺，虛者，如虛空之無形，因此原無色彩，無色彩，正所以能顯天地萬物的色彩；而靈則通，能通，則識一物，便恒不自限、自陷於物，而為物所化，這種不為物化的性，即心之德；心之能不為物化而不斷顯其虛靈明覺以識物，即顯心之有一生幾，這種生幾於心感物時，即貫注於所對的存在，而與存在自身的生化發育之事相涵攝而通情，並以成就、參贊存在的生化發育，而以暢其生化發育之機為其分上的事，此之謂仁；人依此「仁」而有成物成己的道德實踐及文化活動。人只要時時依此虛靈明覺，則仁心無所不到，仁之充量，便可與天地合德，與上帝合德，此即：人自身即可成一完滿無限的存在，自不必外求於上帝。人性中既有其神聖性，所以人性在根本上即是善，善原本在人人的性中而不外在，因此我當自我肯定有善性，也必當同時肯定他人乃至萬物也有善性，人人都有善性，則世間一切罪惡，便都只視為人之未顯其本性，本性所以受到蒙蔽，只是人心一時的自限，自陷於物而物化，因此人只要時時自反自覺，「我欲仁，斯仁至矣。」當下即可復性，這與西方宗教家所謂「人有原罪」的精神大相異趣。

由此對人人之仁心善性的普遍肯定，堅信人人都可至誠如神，都可自性具足，則人人之自身即是一目的，自不容互視對方為一手段、一工具。人有善性，有仁心，性顯而有情，人的精神生活、內心生活、文化生活都具有無上的尊嚴與價值，因此人人都當相敬相愛。人心能虛靈不昧，慧照萬物，則情便通於人，通於家國天下，通於自然世界，乃至通於上下千古的歷史文化世界，此即：人的精神能涵攝社會、歷史，而生成物成己之志，社會、歷史包涵個人生命，而個人生命也涵攝了社會、歷史，是以人不當視自己為純屬於社會歷史的一細胞、一工具，而當視之為「成就社會的大我，乃所以成就一己的小我；承繼歷史文化，即是人之一自動自發以成就其自身之人格的歷程」，由此精神而開展的，即是一「道德性主體」的中國文化精神。

復次，人的仁心流行，情通萬物，則自當視自然宇宙為一化育流行的淨土，一有情的世界，一太和的境界，而無所謂矛盾與鬥爭的存在；宇宙萬物處處洋溢著生機，則人的性情流行其間，便生發一濃厚的藝術情操，欣賞之，游息之，而於自然中識其美善，見物之德，好像與人德相孚相應，物我兩忘，而於不自覺中將人的內心之情調，直接客觀化於其中，由此而開展的，即是一「藝術性主體」的中國文化精神。

中國文化一方面以「道德性主體」，一方面以「藝術性主體」表現其精神，通過歷史的洪流而不斷茁壯、發展其自己，在吾人的生活日用中，不斷展現、煥發其光輝，所以舉凡中國的學術、倫理、宗教、藝術、文學……，無一不是中國文化的核心，乃至一般社會禮俗等最最平常的生活方式，也無一不是中國文化的產物，因此吾人想了解文化，深切體驗文化精神，自不必捨近求遠，而直在當下，直在吾人身邊所接觸的事物，只要人人自覺，一切的文化精神，便都可一一朗現於當前。

(三)啓發與體驗的意義

中華文化以「人」為主體，文化的精神表現，即是「人」的精神表現，因而吾人真要了解文化，乃須將外在之客觀的人文表現，收回到自己的「主體」上來，亦即使外在的人文與自家的生命心靈交通會合，此之謂體識，此之謂體驗，唯如此，吾人方可以「能覺」入「所覺」，渾然與文化一體而不分，無內外相，也無物我相，直使心靈的明覺自明自了，才真能體証文化。因此要使人體驗文化精神，重在啟發，不在灌輸，灌輸的方式，只是拈一純為外在的客觀抽象知識或概念來指示、說服人，此知識或概念既純為外在，自與接受者的「主體」相隔；而啟發的方式，則是依於與吾人心靈相通相契的外界事務來印証，從而開出吾人本有的常性，使之發朗日明，夫然，在事物之循循善誘的啟導下，中華文化的精神才能貼切於吾人，使吾人沈潛其中，而人的真生命，也才能奮進健行而不容已，然後才能發其本願，自動求文化精神的表現於其知、情、意的活動中，表現於其日常生活之中，如此，吾人對文化的精神體驗，才真感親切。

二、中國文化之精神的體驗

文化內容包含甚廣，舉凡宗教、哲學、科學、歷史、文學、藝術等等的文明成就，乃至民間習俗、典章制度、生活方式等等文化特色，無一不貫注以文化的精神，而中華文化的精神，一則以「道德性主體」來表現，一則以「藝術性主體」來表現，已如上述，則要啟發吾人體驗之，也當由這兩方面入手。

(一)「道德性主體」之文化精神的體驗

中國文化之所以「極高明而道中庸」，乃在於它能使吾人的精神生活、文化生活不與吾人的日常生活、自然生命的慾望相脫節，亦即：它重視吾人的精神生活、文化生活，使之直接貫注於人倫日用中，以潤澤、陶養吾人之自然生命的慾望，俾不致發展為無限度的慾望或權力意志。為使生活富此效用，中國儒家的傳統乃特別崇尚禮教生活，使人於覺或不覺的日常社會之文化生活中，先習慣於一涵蘊能自然超化人的權力慾、私慾之精神意義的生活方式，於順應俗情中，使人的俗性得一交代，得一安頓，如是，人的精神生活、文化生活即可由此而自由生長、發展，從而在無形中成就了人的精神生命、文化生命，這種常人「不知而行」的日常禮教生活，即蘊吾國「道德性主體」的文化精神。今欲使吾人體驗這種精神，即當就其目前所能觸及的生活經驗，一一啟發，喚醒其不覺為自覺，則對日常生活之背後的禮教精神，當倍感親切與真實，由是生活中的一鱗片爪，便無一不是啟發的素材。諸如：

1.稱謂：吾人在人倫日用中，每對朋友，以「兄弟」互稱，朋友的父母，年齡與自己之父母相若者，則以「叔、伯」稱之，對老師，視如恩同再造的父母，所以又稱老師為師「父」，稱老師之妻為師「母」，這種能將友倫視同親倫，將一切人的關係距離拉近，即是一「天下一家」的意識，也顯人之求相感通、相親近、相和諧的仁境。交遊間，凡年齡長於我者，雖不必有盛德可稱羨，而其行己亦無虧辱者，我都以「先進」禮之，以「先生」呼之，而自稱名；年長者也每對年少者稱之以兄，而自稱為弟，這種後進守分而不敢犯，先進也忘分而不敢亢的表現，即是一敬讓的精神。在姻戚中，除舅甥等直接親屬外，其餘尊長對卑幼，書函中也常自稱弟，而稱對方以兄，這種長不淩幼，下同而相濟，正顯人道之和，中國文化中之「虛己讓人，相涵攝而通情」的精神，即在此中凸顯。

2.飲食：中國人飲食與西方人飲食最顯著的不同方式：一為合食，用碗筷；一為分食，用刀叉。能合食，即表示對共膳者的「不相爭食」之人格的肯定與信任，此即彼此間相互尊重人格的一種精神表現，且借此而生發一照顧全體的情操，增益其與家人朋友的情誼，這與西方人因分食而無意間培養出人之分立的個體意識，以凸顯自己，孤立對方的精神大相異趣；而西方人之用刀叉，乃獵戶的遺風，其使飲食中帶兵氣與殺機，自不如吾人用筷箸與磁器之富有雍容和平的氣息。又如：西方宗教徒在飲食前，常先祈禱以感謝上帝，這固可培養一超越自然生命慾望的精神意識於當前，然而卻不如中國人於過年過節時，食前先兼祭天、地、君、親、師之更能充量表現宗教精神。此外，西方人飲酒，每舉杯立盡，吾人飲酒，則必坐定而後飲，酒為興奮之劑，立飲則精神亢奮，易生好勇鬥狠之心，坐定而飲，則於興奮中自生一節制與寧靜。他如宴會中，吾人常豁拳、行酒令以助興，贏者不飲而由輸者飲，此即是對對方表示一慰藉與禮貌，贏拳的輸了酒，輸拳的贏了酒，兩無全贏，也無全輸，即顯飲宴中的和樂氣氛；而主人之備餚饌，必常使之有餘，客之食有量，主人所供之食超溢乎其量而好像無量，也正顯他待客盛意的無量，這與西餐取食必依量的精神自不相同；凡此，在在証明了吾人的飲食方式，即蘊一禮教精神，一虛己讓人、相敬相愛的文化精神。

3.衣著：今之世人，入西俗，著西服，大都已忘卻了中國固有的穿著特色。夫西服原為西方人游獵騎射的裝束，窄小貼身，便於到處攢動，使行動爽利，是其好處，然而緊窄貼身，頗有「拘囚」的感覺。中國的長袍及古裝（由影視的古劇中可見其梗概），乃至日人的和服（仿唐服），看來鬆寬博雅，正顯我民族無量寬厚的精神。至於喪服，至今仍保存古風。吾人對人死曰「終」不曰「死」，所以常人有「臨終遺言」一語，「死」指死者生命的結束，「終」則視「死」為死者人格生命精神的完成。又：西方人喪服尚黑，象徵對死者生命斷滅的絕望，吾國喪服尚白，象徵對死者明潔之生命完成的懷念。能視「死」為「終」，即表示肯定死者的人格，這種不論死者生前的為人如何，但見其善，不見其惡，正表現出了吾國「人性皆善」的文化精神。

4.婚禮：西方人只重婚前的戀愛，不重婚後愛情的貞守，其於婚禮，也只視為新郎新娘兩造之間的事，所以婚禮由教士主持，雙方父母全無地位，只坐一旁觀禮，儀式中，教士也只問新人願不願意與對方結婚，而不問其父母願不願意讓子女結婚，「願不願意」乃屬一時的情緒，無關乎愛情的貞定，如此，夫婦兩造只互視對方為朋友的關係，合則聚，不合則離，西方人離婚率特高，理由在此。至於中國人，則視婚姻為「承先啟後」的大事，具有神聖性與莊嚴性，因此婚前有所謂納采、納吉、納徵、問名、請期、親迎諸禮節，禮節繁多，也正表示了婚姻不是兒戲。婚禮中，由父母主其事，先拜天地，祭祖先，拜高堂，以表示對生命之所從來的感恩，兼以在父母乃至列祖列宗的當前，表示一「承先」之志；然後夫妻對拜，用以表示夫婦的相敬如賓，相敬，自不生佔有對方之心，也不互視對方為我之性慾的滿足工具，而是直對彼此之「願為祖宗與子孫生命接續之事負責」的人格精神加以敬重，夫婦的愛情便在此中貞定，所以日後即或丈夫辭世，為人之妻也必守節撫孤，不作他屬之想，一切道德，從婚姻的情義中培養而來，儒家所謂「君子之道，造端乎夫婦。」（《中庸》語）即具此義，這種能視婚姻為人生意義之全，即是重視人格尊嚴的文化精神。

5.節日與祭祀：中國的節日與祭祀，每以陰曆為準則（今日國人雖從洋俗，重陽曆，卻不廢陰曆，實是一大智慧。《易傳》謂：「日往則月來，月往則日來，日月相推而明生焉。」能陽曆陰曆並重，即顯對日、月光明都加以尊重的精神），所以中國民間生活中，一日的晨昏，或一月的朔望，都須祀神祭祖。至於節日，如：清明到郊野掃墓，乃表示不忘其親人的意思；端陽到水邊划龍舟弔屈原，表示對其忠君愛國之心致以最高的敬誠；七巧觀天星，遙念牛郎織女，正可培養人之天長地久的愛情意識；中秋賞月，所以使人神志清明（慧），也慶家庭、人生如月之圓滿團圓（福），因而具有福慧雙修的涵義；重九登高懷遠，意在避人間災害，兼以培養人之高臨超越與闊大的胸襟；過年守歲，象徵人的精神清醒，足堪支持到年終，以迎接萬象更新的新年……，凡此到郊野，臨水邊，或觀星，或望月，或登山，或守歲都所以對自然一一表示親情，也同時於其中培養、表現出吾人之愛祖宗、愛國家或與悠久的兒女之情與慧福的合一、心境的擴大及成始成終的意識者，此一方面帶自然性、人文性、人倫性，一方面又與一定的空間上之處所相連，因此具有廣義的宗教性，這與西方人之只有宗教性節日（如耶穌的降生、受難、復活日等）迥異，西方人忽略了人文、人倫關係，自不知對人文世界及人格世界、人倫世界中的祖先及聖賢人物，致以紀念、崇敬之意，今知其不足，乃任定一時間為父親節、母親節來彌補缺憾，父母原為一體，豈有分二節之理？而人的孝順父母，也豈可限於某一日？因此西方如父親節、母親節等節日，只有抽象、一般的意義，而無具體、真實的意義。至於祭祀，中國人特重祭天地、聖賢、祖先，此之謂「三祭」。祭天地，即表示對生長萬物原始者的崇拜，所以可相對而肯定一切拜上帝、梵天之回教、印度教、基督教、天主教的價值。祭聖賢，即是對一切人之文化命根奉獻、創造者的敬重，由此可相對而肯定釋迦、耶穌、穆罕默德等人的價值；而祭祖先，更可培養「慎終追遠」之情，使風俗歸於敦厚，由是「三祭」所顯的精神即在重「能」信，而不重「所」信，重「能」信，則凡具道德人格而能與吾心相通相契者，吾人都可加以肯定、推崇；重「所」信，則其信唯在一特定的客觀對象，所以遇與他教所信的對象不同，便容易產生排斥，此所以西方屢有異教徒的衝突，在中國則可交相涵攝通融而無爭，今日民間之所以能供奉多神，都受此「博厚」的文化精神薰陶所致。

綜上所述，可知中華文化的精神每每貫注於人倫日用的小節中，吾人如不輕輕放過，細細品鑑，當可悟會出其背後的意義與價值，隨幾體驗，將可使人敬愛之，陶醉之，而不覺手舞足蹈也

(二)「藝術性主體」之文化精神的體驗

中國的人生理想在於生活的禮樂化。禮之義偏重在道德，在社會文化生活的形態中表現；樂之義寓之於藝術，在吾人日常所見的文學藝術中表現。文學藝術的精神，乃是人的內心情調，直接客觀化於自然與感覺性之聲色及文字的符號中者，因此懂得品賞中國文學藝術，自能體驗中國文化的精神。諸如：

1.文字與文學：散文、詩詞、小說、戲劇都屬文學的範圍，且為吾人日常生活中常接觸的資材。而文學必以文字來表達，中國文字兼主形音，形與音都有它獨特的涵義，主形，則文字便具有直接的形象性，形象與形象結合，即可將其間之抽象的關係意義寄寓其中，於是

抽象的關係意義，也可由具體的形象之結合加以表示，此所以中國文字六書中的象形、指事、會意三者，恆可使人即形以知義之故。而形聲字的一偏旁表義，另一偏旁表音，同聲者其意也多相同或相近（如：凡以「戔」為聲者，都有「物之小者」之義等），由是而有表示異字之義之貫通一致的「轉注」，以及表示同字之引申而增添新義的「假借」之用字方法，由此「見形以知義」的文字特色，即知我先聖先賢造字時之能遊心寄意於客觀之事物中的藝術眼光，由此異中見同，同中引生新義的用字方法，更知我民族之能見「自然之太和與萬物所洋溢之生機」的文化精神，所以吾人閱讀文章作品，不要只平鋪地解釋字句，更應以文字學觀點去了解國字，這不但可以澈知字義，且可兼以了悟我文化的偉大。且也國字的每一字每一音，都可代表獨立的意義與觀念，因此吾人在生活中，見地名（如：長安）、紀元名（如：開元）、乃至店名（如：同仁堂）……，都可寄寓濃情厚意於其中，而不覺得它們僅是一無謂的符號而已，凡此，處處顯其意義，即見吾人的性情之能處處感通、流行，吾人如可隨機體驗，自能時時陶醉其間。

至於中國文學，大抵深蘊儒道兩家的精神。儒家重生，道家重化，「生」表示相繼相續，是生命韻律的來復，「化」表示轉易變化，是生命韻律的轉變，二者合成生命的節奏。此即儒家之精神講的是如何使宇宙人生之莊嚴的一面能生生相續下去；道家之精神，講的是如何從宇宙人生之平凡庸俗的一面中超拔轉化出來。表「生」之情，以性情、氣象勝，表「化」之意，則以神韻、胸襟勝。如：「採菊東籬下，悠然見南山」（陶潛·〈飲酒〉詩）

表現的是一超塵俗以自化于自然的精神；「空山不見人，但聞人語響」（王維·〈鹿柴〉詩）凸顯的是一化自然物之質實以歸於空靈的意境；而「大江東去，浪淘盡千古風流人物」（蘇軾·〈念奴嬌〉詞）則是一將人間驚天動地的史事，納入寂天寞地中而加以超化的境界。他如田園詩文常取雲、水、煙霞、花草、鶴鴻等等善於變化的自然物為題材，小說中常以敍述高人、逸士、俠客、神仙等等居無定處、行無定蹤的善化人物為對象，在在都表現了道家之「化」的精神。而《詩經》〈大雅〉、〈頌〉等詩中讚美祖先的長壽，子孫的眾多，乃是一欣賞生命之長久、生活之充盛的精神；「眾鳥欣有託，吾亦愛吾廬」（陶潛·〈讀山海經〉詩）則是對人與自然中生意相通的體驗；「其人雖已沒，千載有餘情」（陶潛·〈讀荊軻〉詩）等等詠史、懷古、思舊、傷逝以及哀祭碑銘的文學，都具有一求古往今來之生命相通的情操；而諸葛亮的〈出師表〉，杜甫的〈北征〉詩等等，在在都是個人的生命與他人的生命相感相通之至情至性的表現，凡此，都蘊涵著儒家之「生」的精神。

又如：中國小說、戲劇的結局，常使善人得善報，悲劇終歸於團圓等寫法，即蘊一「不願純粹精神價值之不得現實化，不忍純粹精神的世界無法獲得現實世界之支持」的儒家精神。中國文學浩如煙海，非今所能盡論，吾人如能細細品讀，當可體驗到文化精神而沈潛於其中。

2.書畫：中國的書畫，必用毛筆與宣紙。毛筆之妙，在於它可任意加以鋪開，而迴環運轉，順書寫者之意之所往，而遊心寄意於筆墨之中；於是或輕或重，或左或右，或上或下，橫斜曲直，陰陽虛實的變化遂無窮。而宣紙之妙，在於它可供浸潤，紙與墨乃可相互滲透，融攝不二，由是書法之中，筆力可透紙背，虛實相涵，而呈顯立體美與深度美，所以可供吾人的精神藏修息遊。

至於繪畫，與書法同樣重視氣韻，一筆一墨，都能表現出天地間的氣韻生機。作畫一在寫生，一在寫意，寫生是寫外物的形象，寫意則寫內心的情趣；中國人作畫，特重寫意，能寓寫意於寫生中，才真能表達內心的情趣，呈顯人物相融的精神，因而作畫前，常先要有一番「觀」的工夫，得其整體的神貌，然後才能描繪出栩栩如生的情態，而顯萬物之一太極，物物之一太極，總之，必「外師造化，內法心源」，才能觀大、觀全、觀通、觀變，跳出事物形相的囿限之外，而默會於其內在的神髓之中，此即「情通於物，主客相融」的精神，吾人如能於畫中，隨幾品玩，就畫論畫，體會何以國畫不重陰影、明暗、遠近、貌似、形界；何以畫中寥寥幾筆，自有氣象；何以虛白之中，自有靈氣往來等等之異於西畫的格調，必會使自己陶醉於國畫所蘊存的「以有限通向無限」的藝術精神中。

3.音樂：中國人的音樂，特重餘音之回繞。京劇中老生所唱的沈鬱頓挫之音，宛若聲音的凝結而具有立體感，崑曲中悠揚安和之音，則又如聲音之環開為平面，這些都可供吾人的精神藏修息遊；其他的國樂，也多渾淪而肅穆，使人心廣大和平。至於中國樂器，則常用七弦琴與洞簫，七弦琴弦長，彈起來振幅大，其焦桐之質，又疏而不密，因此其聲富有舒徐淡宕之致；而洞簫的構造，洞達而中空，所以虛無之用特別明顯，其聲自有清幽優和之致。其他如鼓器，其中有空，因而振動的聲音四散，而返入於空氣之中，此所以深山曠野中的寺鼓音，能擴散漸遠而沈入虛無，使人的精神游於無何之鄉，反虛入渾而發深省，這種蘊聖賢式之情調的聲響，自與中國文化精神相接相契，這與西方人鋼琴的脆響，及提琴的勁急等欠缺優和之致的音樂，自不可同日而語。今人崇尚洋樂的壯美與慷慨，其音固可使吾人的精神柔嫩而富情，然而卻不覺有可供藏修息遊之所，由此又可讓吾人體驗中西文化精神的異趣。

4.建築：吾人於日常生活中，最易接觸且最凸顯中國風味的建築，首推廟宇，中國人的廟宇建築，特重平面的伸展，因而除正殿外，兼有旁殿、後殿，有廊廡以通之，或園林以遶之，又常建於山明水秀之地，此皆所以使來者瞻仰，兼以徘徊其間，引導其心靈之趨於通達開朗，而生一涵攝無限天地之懷；這種建築有實有虛，與自然的空地，及地上的林木，相依而無隔，因而人在此所興發的向上崇敬之心，不致因而藐視此自然與人間，而能回頭與以一瞻顧、一安頓，從而培養出人倫日用的生活情調。觀夫古西方人所建的堡壘，全成一封閉的世界，而教堂的高卓，四面不透風，它雖可給人以一肅穆崇敬的感受，卻是高卓而不可遊。而中國人所建的塔，人可拾級而登，以遠望四方，因此可遊於高卓也。

又如：中國人的祠廟，多碑碣、對聯、匾額與題跋，由此而引生人之對祖宗、聖賢有一番紀念、崇敬、讚美、感恩、懷想的情意，西方人的教堂以及紀念堂之類，則不重視此，這正顯中國人的建築能視此主觀的感應與其所崇拜的對象，在精神上為可以互相激揚，而可同升至一精神境地。

他如中國住屋都設有明堂，天地君親師之神位的奉祀、婚喪之事的辦理、老人之教子孫，都在這裡舉行，自不必如西方人行婚喪之禮，須赴教堂、殯儀館而後可，這種生於家，婚於家，終身不離家庭的溫暖，正說明了中國住家之真可為人生安息之所，為文化精神流行之所，為人之責任感、向上心所藏修息遊之所。

又如：中國建材多用木材、茅草等有生命之物，這與西方人之以石、沙與水泥、鋼筋為建材相比較，更覺生意相通，凡此，都可看出中國建築之蘊有一「情通於物，情通於古今」的文化精神。

總之，中國傳統之「藝術性主體」的文物，在在都蘊涵了中華文化的精神，他如棋藝、雕刻、陶瓷、戲劇表演亦然，限於篇幅，不再冗述，吾人如能細細品味，隨機體驗，當可從中悟會更多的意義與價值。

中華文化的精神原即貫融於吾人日常生活之中，然而由於時代的變遷，西力的東漸，目前種種現實的生活方式，已漸失去我文化的內涵（如今之年輕人只重自己的生日，不問父母的生日，即是一忘本的徵兆），然西式的生活，當然也有與我文化精神相契之處（如棒賽中的犧牲打，揮棒者甘願自己遭封殺，以成全隊友上壘得分，即顯一「成就大我，即所以成就小我」的精神），因此吾人除了就上述中國原有的傳統禮樂生活中體驗文化精神外，也當就現實取材，將西式生活中所與中國文化精神相契合處，加以體驗，如是，在週遭的生活中，便會常常覺得有一活生生的文化精神朗現於當前，而更覺得自己原即生活於文化的精神之中。

三、結語

科學時代，吾人雖可日益提高物質生活的水準，然而吾人也因此易為外物所役，而向一物化的平面急馳，人人只忙於自己之特殊的事業活動，則其精神便易為自己之特殊的事業所包圍，而逐漸與整個真實的世界隔絕；每個人所從事之事業活動的成果，雖可直接或間接為全社會中人所享受，然而對人生價值之等差高下的意識，則逐漸趨於淡薄，於是人之一切「超越」、「涵蓋」的精神，日益墮落，而終不見人之所以為人的意義與價值。

挽救此弊，端在自覺，從自覺中樹立人的精神，了悟人的意義與價值。吾人要真顯人的意義與價值，乃必須一改當前唯「知識」是求的心態，而須兼重對人生「智慧」的開悟，而中華文化的精神原本即蘊涵著豐美的人生智慧，所以吾人如能於人倫日用中體驗文化精神，沈浸之、陶養之，使之與自己相契相入，相涵攝相會通，則必能使自己的人格精神在渾渾噩噩的現實中提撕、超拔出來，化機械的生活為藝術的生活、文化的生活、禮樂的生活，由此而推展開來，自不溺於科學文明的迷霧中，而能役一切科學的生產成果為此文化生活所使用，所消費，於是社會中的每一個人也才能化一純事務的關係、純契約的外在關係為一人格精神相通相契、相互照會的互內關係，不會受功利的時尚所影響，而只各逞所長，當更能注重生活的意義，陶冶出一關心整個社會國家與整個人類世界的人格風範，如是，吾國的文化精神才能在我們的身上真顯其光輝。

建立正確的價值觀念與人生理想

論及價值，從各種不同的角度來看，會產生各種不同的價值觀念。以宗教為例：基督教以為人一生下來，便永遠帶有洗不清的「原罪」，人只有皈依上帝，由祂引領著吾人到極樂世界，人才有價值。佛教則認為人要解除世俗的煩惱，脫離現實的暗迷，求一清淨心，而到達一無住涅槃的境界，才真能獲得解脫，人才有價值。此兩大教，都將「價值」定在來世（其實凡宗教，都具此性格），對生活於現實中的人們而言，恐會覺得渺茫而遙遠，為使人更感切近，吾人不擬從「回歸來世」的角度來論價值，只以近取譬，就儒家「肯定現實價值」的角度來講，較為親切，且易為人所領受。

現實世界中的價值何在？是錢財嗎？錢財如能善用在人文的正面上，以服務社會，解決現實生活的問題，則即顯其意義，顯其價值，但如不正用，卻把它花在虛榮的奢侈享受上，致使人人竟日沈溺於聲色犬馬之中，則即失其價值。人生有限，吾人不要以為今世錢財用不完，留給後世子孫來享用，即有價值，後代子孫能善用它，借以成就更多的道德客觀事業，錢財自顯其價值，不然，只知坐享其成，徒然養成好逸惡勞的習氣，則必留錢殺子孫，貽誤後代，即失其價值，是以錢財的價值是相對的，不是絕對的。然則「名位」有價值嗎？歷史上有名位的人，倘能善用其權勢來成就功業，造福人倫，則名位即顯其價值，否則，以名位、權勢來假公濟私，胡為妄行，使社會群體蒙受更大的傷害，就沒有價值，歷史上那些假權勢以營私的人（如秦檜），不成名還好，成了名，遺臭萬年，後代的人永遠厭棄他、詬罵他，人人都鄙視他生前的惡劣表現，其成名，反成了眾矢之的，更顯其人格之沒有價值。至於事情的「成功」是價值嗎？一個人倘如因成功了，而志得意滿，倨傲不恭，「成功」反傷害了他的人格成長，則此「成功」就沒有價值，反之，一個人能在失敗中記取教訓，使他更成熟，更增長了他處事的智慧，則失敗對他而言，未嘗不是一種價值，凡此，給吾人的啟示是：在現實的世界中，一般人所在意、所追求的俗事俗物，其價值都是相對的，而不是絕對的。

名位、功利既都只是相對的價值，然則世間的絕對價值何在？依儒家的見解，能永垂不朽的，即是絕對的價值，歷史上有很多人物（如孔子、文天祥等等），「其人雖已沒，千載有餘情。」他們到如今仍為世人所懷念，所景仰，其精神因後人之想效法他，追隨他而復活，能永遠活在人之心中的，即是不朽，亦即是絕對的價值。春秋時代，孔子周遊列國，其理想的政治主張未被當時的諸侯國君所接納，他是失敗了，其門人弟子三千，有成就的學生卻只七十二人，教育的成功率不及百分之三，成果不輝煌，然而他之所以不朽，被世人尊為「至聖先師」，正由於他強調的「仁」，為中國文化樹立了精神方向，他肯定每個人的人格尊嚴，而自己虛懷若谷，不以教主自居，也不唯我獨尊，「學不厭，教不倦」，有此主動、高貴的精神生命表現，所以不朽，所以有價值。文天祥兵敗被執，抗元保宋的大志未酬，最後壯烈成仁，以身殉國，他的功業雖失敗，但其寧死不屈，慷慨就義的「勇」者表現，凸顯了人可貴的精神生命，所以不朽，所以有價值。要之，中國歷史上很多聖賢人物，之所以被民間供奉為神而永遠追思、懷念，正由於他們在有生之年，充分表現了人的精神生命之故。

可見要追求永恆的價值，即在當下的現實存在面上，求自我的實現，充分表現高貴可感的精神生命，以建立各種不同的人格價值。下列所舉的修養工夫，都是絕對價值的表現：

一、恢宏的氣度：中國人的修養工夫，特別重視「法天」，天無所不包，地無所不容，人心也應與天地一樣，去包容一切。能包納一切，即表示其人氣度的無限寬廣，所以當別人有過，必能諒解他，相信他必有改過的一天，這種能包容對方暫時的不合理存在，正見其氣度的恢宏。謙虛之所以是美德，即因人能空出一己，讓別人來佔領自己的心靈空間。反之，驕傲、嫉妒之所以為人所厭棄，即因心靈只容得下自己，容不下別人。一己有限，而別人無限，容不下無限的別人，即見他自小其心。同理，人對物能包容，便不致喜新厭舊。對物有情，就會惜物愛物，節儉的美德就從此中陶養出來。反之，奢侈的人，就表示他沒有恢宏的氣度，容不下財富，這種狹窄的心量，正如茶杯一般，水一倒，就滿溢出來，向人逞富裕，即沒有高尚的人格價值。語云：「宰相肚裡能撐船」，吾人要學習的，即是這種開闊的氣度。

二、自由的心能：人是萬物之靈，靈則通，通則逍遙自在，便自由。人不被外物所役，慾望越低，便越沒有心理壓力，即越自由，越快樂。今之教育單位，規定學業成績六十分為及格，此即讓學生有不得考低於六十分的適度壓力，此「不得低於六十分」即是不自由的地帶，而六十分至一百分之間，則是自由的空間，可任人發揮，我考一百分可升級，我只考六十分，依舊可安全過關，「六十分」之起碼的不自由，固會造成學生的厭力，但另有「四十分」的自由空間可供緩衝，則學生仍是可以承受的，倘如規定七十分乃至八十、九十分才算及格，則會使學生覺得越來越不自由，越來壓力越大，最後只好輟學。同理，在現實生活中，吾人的物慾如越來越大，心理壓力自然隨之越來越強，越不自由，越不快樂，如此之人生便會覺得沒有意思，沒有價值，昔孔子讚美顏回，謂：「一簞食，一瓢飲，在陋巷，人不堪其憂，回也不改其樂。」顏回之樂，即因於他有自由的心能，不為物慾所役之故。

三、超越的眼光：「人無遠慮，必有近憂。」人要有「遠慮」，即須要有超越的眼光。吾人做事，不蔽於當前，能超越現實，看到一長遠的未來，則行事雖或有眼前的困囿，終必能克服艱難，步向圓滿，鮮有悔吝。以婚姻為例：婚前如只以貌取人，則當對方人老色衰，或中途遭遇變故而損容，則婚姻的基礎即告崩解。同理，如只看在對方的地位、財勢，則當地位、財勢消失之日，即是婚姻破裂之時。吾人能了悟結婚的意義，即可超越外在的形貌、財勢，而識取對方的內在美，如是，則年紀越大，人生的歷鍊越多，道德修養就越臻成熟，內在美自也就如陳年老酒，越陳越香，愛情彌堅，婚姻越趨牢固，生活即永遠幸福，所以有超越的眼光，就能使心光燭照事情背後的意義，而走向光明的人生，此即是價值。

四、勇敢的承擔：人生不如意者常十之八九，所以常遇挫折也是自然的事，然而有些人喜歡把自己不幸的際遇與別人相比，總想不開自己為何要遭受百般折磨，於是怨天尤人，怪老天不公平，不仁慈；其實老天正因為仁慈，才在世間留下許多缺憾，好讓吾人有機會去突破現況，去補濟缺憾，倘如上蒼把一切創造得完美，使吾人都成為坐享其成的「豬」，則活著何用？是以吾人越受挫折，即應越覺得是受上天的恩寵，因為祂給了吾人更多的磨鍊，使吾人品嚐更多人生的滋味，從挫折中體驗更多的人生，從而建立起更堅強的人格，這要比沈浸在享受中的人更幸福，有此體識，吾人不但不厭惡艱難，反更會勇敢地面對它，承擔它，將一切眼前的困境化作成就自己的資具，而展現人的精神，此即是價值。由這個角度看，野草就比蘭花有價值，蘭花雖香，但嬌生慣養，成天在溫室裡受人呵護，小不如意，即可能枯萎凋謝；野草則不然，它任憑風吹雨打，依舊茂密生長，經得起考驗，吾人要效法的，正是它那股敢於承擔現實的強韌精神。

五、踏實的踐履：人在一生之中，都會有好幾種不同的身分，譬如：在校是「學生」的身分，回家是「子女」的身分，將來則是「老闆」、「服務員」的身分，由於身分的經常替換，人生好像舞台似的，於是認為人都在「角色」扮演，說「扮演」，宛如人人都在演戲，人生都不真實，此皆由於從「位格」上去看人生之故，從「位格」上看人生，人生真的很虛幻，如能從「人格」的角度去看，則吾人時時刻刻都是「人」，每一個時空交會點上所做的事，都是「人」的表現，都是赤裸裸的事實，時一過往，它即成一真實的歷史，每一階段的每一刻都是獨一無二，都不可替代，都是價值，吾人不可謂今日沒有把握沒關係，明日會再來，但明日是明日，「今日」這個獨一無二的事實與價值浪費了，實在可惜，人要過得有價值，即當時時把握每一個「獨一無二」的價值時刻，踏實走去，人在無限時空的事實與價值中展現精神，才有意義，是以人人都要時時提撕自己，不要虛度光陰，把握每一刻，不讓老天賦予吾人的生命留白，此即是價值。

上述五種修養工夫，都是吾人在現實存在的生活中即可努力達成的，是以吾人追求價值，不必捨近求遠，寄託於未來，而直在當下，「我欲仁，斯仁至矣。」追求價值的機會，不屬誰的專利，而原本即是人人平等的。

復次，再談人生的理想。

上謂錢財、名位等等既都不是絕對的價值，則吾人即不當隨波逐流，把理想建立在這上面。所謂「人生的理想」，顧名思義即應把理想建立在「人」與「生」上；人之所以為人，即在於凸顯「人」的精神生命，而此「生」不是方生方死的那種暫時性的「生」，乃是能永垂不朽的「生」，能讓後世子子孫孫追懷而思效的表現，才能永生，後世的人雖有種種不同行為的價值表現方式，但精神與吾人是相感相通的，吾人的精神生命能與後世的人之精神生命相交會，透過後世的人以不同的方式重現，再為人肯定、敬重，此即是永生，即是價值，所以吾人要立人生的理想，即要從這裡立。中山先生說得好：「人生以服務為目的。」每個人生來所需要的一切，都直接或間接由社會中的成員所供應，乃至受到無數古人共同努力的文化業績所造就，則吾人當一輩子懷著「感恩」、「還債」的心情去回饋社會，服務社會，每個人在自己的工作崗位上所表現的不同貢獻，都是價值，都蘊存有生命的意義，如是，無限人的貢獻，即是無限的價值、無限的意義，而人生的理想即在人之服務、奉獻的無限歷程所不斷地呈現意義與價值中建立。

走出中國人的希望來

四、五十年來，在全民共同的努力下，我們締造了前所未有的富裕環境，也大步地邁向自由民主的大道，台灣的「經濟奇蹟」成了舉世矚目的焦點，「台灣經驗」也帶給中國人驕傲與希望。

然而，政治開放、經濟繁榮、生活富裕的結果，國人不但沒有隨之提高精神生活的品質，反而沈睡在燈紅酒綠、舞榭歌台之中，大家不只缺乏對生命價值的反省，缺乏對生活目標的肯定，更缺乏對中華民族問題的大情懷，缺乏對全中國前途追求的大氣魄，也缺乏瞻望未來中國的大眼光，機巧趨利、褊急浮躁等等島國的狹窄習氣日益形成，人文素養低落，價值體系崩解，工作倫理受創，加上暴力高漲，治安不良，整個社會籠罩在一團迷亂的氛圍中，而逐次走進了一個黑暗期。

之所以有今日如此的「果」，原因在於過去我們偏重在經濟、政治的現實層面上，而疏忽了文化的均衡發展及人文素養的提升。知病便是藥，今後我們必須復興中華文化，以重振倫理道德，確立正確的價值觀念，從根本上淨化社會人心，才能突破「台灣經驗」的瓶頸，起死回生，使我們的政治與經濟奇蹟不致埋沒於文化沙漠之中。

中華文化的特色，即在於重視人之莊嚴神聖的內在心性，重視人存在的價值，重視人的精神生命，重視人與自我、人與他人、人與社會、人與自然乃至人與超越界（鬼神）之間的關係，由是而有種種倫理道德的表現：其對一切人一切物，都要吾人自我提撕——「推己及人」、「民胞物與」之敏感易覺的愛心，此即是「仁」；要吾人不為眼前的外象所蔽，而懂得超越現實，識取永恆的生命意義，此即是「智」；要吾人把天理落實為倫理，使整個社會在「正當性」及大家都能通過去的「理」上建立起秩序，此即是「禮」；要吾人重視「正名」，以定權分，使整個國家政治有「統一的秩序」，同時要本「均無貧，和無寡，安無傾」的道理，建立起公平的經濟制度，如此，人民自能團結，安心工作，而提高生產，無財貨之不足，……凡此在在說明了中華文化內容的廣泛，它是安定個人、家庭、社會、政治、經濟的基石，所以今日吾人要挽救時弊，充實「台灣經驗」的內涵，使之真成為中國人的希望，乃必須發揚光大文化，使吾國文化的精神踏實地內在化於人心中，使人人不只求對倫理道德的「認知」，更必須在生活中身體力行，在「民主」與「科學」開花結果的同時，更積極強化「倫理」的建設，以「倫理」所生發的原動力，主導「民主」與「科學」，才能對治時弊，把中國人真正的希望走出來。

「倫理道德」的建立是一整體性的工程，所以必須全國上下，各個層面密切配合：

一、推展政治倫理：「政者，正也，子帥以正，孰敢不正？」（《論語．顏淵》）政府一方面當本儒家「正名」的精神，加速政治的革新，強化政府的正當性，使政府的決策成為不容置疑的法理基礎，擴大政治參與的層面，力求公正、公平、公開，並使司法及監察部門的獨立性獲得確切的尊重，以維護政府公正廉明的形象；一方面當本儒家「智」的精神，使法律具適時性，政府公共政策的規劃具前瞻性，以免重蹈「補破網」之處理社會問題的流弊，致使國人對法律藐視，對公權力不尊重。而從政人員更當培養「勇」的情操，「自反而縮，雖千萬人吾往矣」，有魄力，敢擔當，對的要堅持，錯的要負責，不戀棧功名利祿，才能貫徹公權力，樹立公信力，而各級民代尤當遵守議會規則，講求議會倫理，以免上行下效，造成社會不良的風氣。

二、落實人文教育：今日多數學生只有知識，沒有教養，充分暴露了學校教育的缺失，改進之道，即在落實人文教育，鼓勵教師研究自修，擺脫以升學為主導的陰影，改換填鴨灌輸的教學方式，教師除了重視人文知識及經典解讀的傳授外，更應注意加強學生的思想訓練，使其培養出以理性覺識人與自己、人與自然、人與社會、人與超越界的關係，從而了悟人生的意義，對歷史教育，尤當指引學生從平鋪的史事中去「通古今之變」，從「通古今之變」中去「究天人之際」，此即引導學生從鑑往知來的「盡變」智慧中去識取生命常道，從根上開發安身立命的價值世界，以引生強烈的歷史使命感，並透過各種團體活動的管道，使學生培養出自律、守法及「少數服從多數，多數尊重少數」的自由寬容的情操。

三、導正傳播功能：傳播媒體極具影響力，如商業電視不斷刺激，無形中即可增添人的物質慾望，節目中所強調的豪華、揮霍、追求物質享受等，也極易改變孩子的社會價值觀，而「好人」或「壞人」均以濫用暴力做為解決問題、達成目的的唯一手段等之類的影片，也易誘導青少年因放縱、粗野而犯罪，有關專責機構應嚴加審核、督正，多從勤儉、誠實、理性、仁慈、自制等角度製作節目，以導正傳播的社教功能，而新聞從業者更當自律，防止「新聞自由」的濫用，公正客觀報導，並負起新聞正面的社教責任。

四、提升藝文品質：藝文可培養高尚的心靈，解脫名利的羈絆，走出心中的監牢；然而台灣的藝文活動日趨商業化與低級趣味化，琴棋書畫之類的藝術修養未受廣泛重視，國劇崑曲沒落，一切只以娛樂為主要的文化取向，報章之「娛樂版」也只報導影歌星的私生活，毫無藝術可言，今後政府當以各種優惠，鼓勵大眾投資文化上的建設，培養人才，增加晉用管道，使演藝人才安於創作，將巧思注入社會，以提升藝文的品味與美感，對低俗及違背良俗的商品性表演，要減少其生存空間，並疏導其往正當、高尚的方向發展，將藝術與社會的脈動結合，引導民眾「游於藝」，沈潛於藝術的味「道」上，自能淨化心靈，雅尚民風。

五、淨化宗教內涵：宗教是人終極信仰之所寄，也是生命安頓之所託，因此借宗教力量來端正社會，是一重要法門；然而台灣重視教義的耶、佛信徒仍居少數，民間大多淪為「功利神」的信仰，淪為工具化、俗化、迷信而不自覺，如此，反易助長功利習氣。改進之道，即在培養講經人才，溝通各寺廟住持，從教義、儀式、規範、合理等層次上，還原宗教的本色，再結合草根社會的功能，逐次減少其非理性、工具性的成分，使人人「敬鬼神而遠之」，以發揮其推動善良風俗的功用。

以上所舉犖犖大端，配合理性、愛心的家庭教育，以及各種德化措施，當能移風易俗，使人人沐浴在禮樂之中，整個社會具有文化教養，中國才真能成為先進的國家，也才真能突破現有的「台灣經驗」瓶頸，把中國人的希望走出來。

中國人婚典「三拜」禮的意義

一、禮與禮俗

中國人素來以「禮儀之邦」自居，可見「禮」在中國文化中佔了一席相當重要的地位，借著它，倫理的生活才能獲得維持，人與人之間的情感才能溝通而日趨敦厚，整個社會秩序也才能在禮的氛圍中結實地建立起來。

「夫禮者，所以定親疏，決嫌疑，別同異，明是非也。」（《禮記·曲禮上》）聖人制禮，旨在維持社會秩序，施行道德教育，使人有別於禽獸的自覺；而人之所以異於禽獸，即在於人有惻怛的仁心，與易感的良知，因此，禮便不是一信訂的行為規範，一呆滯的死教條，它乃是一方面受到人之最深層的惻怛悲憫之仁心的浸潤，一方面通過人之良知的點化，而客觀化於外者，仁心良知人人都有，所以禮的施行，不只施者能主觀地表達其善意，同時也能客觀地使此善意為受施者所正確領受，禮在這種授受兩相宜的感通情況下，自然成為大家所認同、讚美的行為模式。

受仁心浸潤與良知點化而客觀化的禮，不只具有一外在的形式，更具有一內在的精神，人依禮而踐行，薰陶、生活於禮中，自可培養出道德人格。要行「禮」，「熟行」當然比「認知」更實在，更做得好，於是人人「熟行」之後，禮便漸次成為種種約定俗成的風俗習慣，此即所謂的「禮俗」，禮原本因時因地而制宜，所以禮俗自也會因時空之異而有不同的形式，但禮之求「溝通情感，交會善意」的精神永不改變，只要吾人自覺，不陷於「行之而不著，習焉而不察，終身由之而不知其道」，禮的內在精神與價值，就會時時朗露於眼前。

二、結婚的意義

結婚是人生的大事，「昏禮者，將合二姓之好，上以事宗廟，而下以繼後世也，故君子重之。」（《禮記．昏義》）人能超越一我的限隔，將情感與一原無血緣關係的他人交融，相愛互信，終而願生生世世廝守在一起，這種「合二姓之好」的表現，充分說明了人包容性之心靈的可貴，而婚姻不止於結婚當事人雙方的「合好」，乃必須更進一步地共負起「承先啟後」的責任，「上以事宗廟，而下以繼後世」。人生之所以有意義，即在於有「生」，人有生命，然後才能覺識，而表現各種意義與價值，然而個人的生命有時而盡，人必須借著婚姻的關係傳宗接代，使生命繩繩不絕，生生不息，然後才能永保人的「生」，而不斷展現生命的意義，此所以結婚是人「生」的大事。

中國文化以儒家的思想為主流，儒家的精神特色即在「生」字，孔子重「仁」，有仁才有生機，如桃仁、果仁等，只有核而無仁，幼苗便無由生長，儒家最根本的思想在《易經》，「生生之謂易」，《易經》就是在說明「生」的道理，陰陽交媾即生，其他動物可逞自然生命之雌雄慾求而隨意交媾以生，唯獨人要依「正道」結婚而生，所以人的「生」，已不純粹是生理自然慾求的產物，乃更有進一層「愛情貞定」的精神意義在。

人求「愛情貞定」而結婚，則婚禮就有它的莊嚴性，所以婚前乃有納采（通知女方家長，男方已選擇其女為對象）、問名（詢問女子姓名）、納吉（男家占卜得吉，認為適合，以告女家）、納徵（以財禮証定此婚事）、請期（男家使人向女家問婚期，決定後告於女家）、迎親（男方親赴女家迎娶）等事宜，如此繁瑣禮儀，正顯它的嚴謹與隆重。

迎親當天的婚典，還有種種的儀式，其中大家耳熟能詳的是：一拜天地，二拜高堂，夫妻對拜。

三、「一拜天地」的內涵

結婚是人以「正道」求延「生」的開始，重心在「生」，所以結婚的當事人也當思及其「生」命根源之所來自──天地，「天地大矣，生而弗子，成而弗有，萬物皆被其澤，得其利，而莫知其所由始。」（《呂氏春秋．孟春紀第一》）天地無聲無嗅，祂在冥冥中造化萬物，不居功，也不求回報，人於婚禮中能「報本返始」，主動自覺地首謝天地造我生命之恩，正見人靈敏易感之心靈的可貴。

天為陽，地為陰，陰陽依正道（朝往夕來，四時有秩地運行而不亂，即是一種正道的表現）結合而生萬物。天地之「生」是主動的「感」，不是被動的「應」；主動的「感」，才有「無條件」的行為表示，只問自己當如何不停地造化，使萬物各得其長，被動的「應」則是有條件的，先看對方是否值得我造化，再行造化，或暫時造化它，然後觀其能否有好的回應再決定是否繼續造化。天地之無條件地造化萬物，正是祂偉大神聖之處，所以人也應法天，無條件地通過結婚而生，生後的子女或賢或不肖，或回報或不回報，都不在考慮之內，這種法天地無條件地依正道而求延「生」的表現，彰朗了婚禮的莊嚴性，所以要「一拜天地」。

天地大公無私，良心在這裡顯，所以說「天地良心」。人之結婚是一絕對的真誠，不是虛應故事，此情此景，天地可表，良心可証，在天地、良心的監誓下，表明我倆的愛情永不渝，所以婚典中「一拜天地」格外有意義。

四、「二拜高堂」的用意

高堂（父母）是列祖列宗最接近吾人的現實存在之生命的代表，人的結婚既是一法天之無條件的延「生」，則祖宗、父母之結婚而生我們，也一樣是無條件的，一樣是主動之「感」的善行，俗語謂：「天下無不是的父母」之道理就蘊存在這裡。天地雖冥冥造化萬物，然而在父母生我之前，我只是一冥冥中的因子，一縹緲中的存在，此時的我只在理型中，從現實層面看，我即等於零，我必須通過父母的「生」，然後才有我當前的現實生命的存在，是以我的生命一方面來自天地，一方面也來自父母，所以父母之恩等同天地，我必須感恩，先有天地而後有父母，所以「一拜天地」之後，就必須「二拜高堂」。

父母生我育我長我，欲報之德，昊天罔極。思感恩，當報之以孝，「不孝有三，無後為大。」（《孟子．離婁上》）父母最大的慰藉即在於能獲得永生，永生不必求皈依上帝以求進駐極樂世界，而在於現實存在面上子女能繼續延「生」，祖宗生父母，父母不忍其斷後而生我們，我們也當不忍父母斷後而生子孫，奕葉子孫都具有父母、祖宗的血統，只要能傳下去，「生」下去，就宛如祖宗、父母的生命換化成另一個體存活下去一般，此即是永生，唯有如此，父母的生命才能在現實中得到安頓，這就是為什麼中國人這麼重視「生」，重視有後，而不能絕子絕孫。祖宗父母既重「生」，而結婚又是求延「生」的正道，所以婚典中「二拜高堂」一方面謝其生我育我之恩，一方面慰藉父母將有後，這種「上對奕世祖宗負責，下對子子孫孫交待」，使父母放心的表現，正是子女謝恩報孝的最基本方式。

五、「夫妻對拜」所凸顯的精神

夫妻是延「生」的主體，缺一不可，彼此共負有「承先啟後」的使命，因此都當相敬互重，孔子謂：「三代明王之政，必敬其妻子也有道。妻也者，親之主也，敢不敬歟？」（《禮記·哀公問》）即具此義。是以婚典中，在「一拜天地」、「二拜高堂」之後，要「夫妻對拜」，以表示這一層敬重的意義，而夫妻「相敬如賓」不只是相互敬重對方所負起的延「生」使命，更敬重對方的人格尊嚴，因為人的延「生」既是神聖的，既不是一隨妄的苟合，則彼此對「愛情」必須貞守不渝，我信你之對我的愛能貞守，你也信我之對你的愛永不渝，從此「夫婦有別」，我的夫（妻）有別於他人的夫（妻），「老吾老以及人之老，幼吾幼以及人之幼」，在夫婦的愛情上，彼此都不妄引為「妻（夫）吾妻（夫）以及人之妻（夫）」，有了這一層貞定，婚姻的生活才能幸福美滿，此所以謂「君子之道，造端乎夫婦。」（《中庸·第十二章》）中國人踐德的藝術，由此可見。

夫妻的結合，除了上述的形上意義外，當然也具有男女情慾需求之滿足的事實，滿足也可增愛，但在中國，夫妻在「愛」之外，還講「恩」，「結髮為夫妻，恩愛兩不疑」，之所以彼此有恩，即因於視對方所予我的滿足為一「施與」，一「恩賜」，此能化情慾為恩情，夫妻的結合，便無「淫」意，「萬惡淫為首」，去淫就恩，結婚便顯其聖潔，所以婚典上「夫妻對拜」，彼此敬重感恩，充分凸顯了人之高尚可貴的心靈。

六、結語

中國文化以倫理為本質，「禮俗」即是人倫中順適人性、合乎真情所表現出來之約定俗成的形式，而其中所蘊存的理，所涵攝的精神，都是莊嚴神聖的，上述婚典中的「三拜」禮即是一明顯的例証。中國人天天生活在禮俗中，天天薰陶在禮俗之莊嚴神聖的精神中，只要吾人自覺，自會了悟到中國人特殊、可貴的生命情調。今日社會在變，時代在變，禮俗為因時制宜，當然可更新形式，但禮俗的精神歷久彌新，只要吾人抓緊此精神來求變，就不致變質而失卻意義，使原本可貴的禮俗淪為低俗。時代的進步，吾人當然要識取歐美民主科學之所長，來充實自己文化的內涵，但不可因而鄙視自己的文化，棄優良之禮俗如草芥，因為畢竟我們是中國人，中國人固然不當守殘抱缺，但也不必喜新厭舊，凡是好的，有意義的，我們仍要擇善固執，繼續過著中國人所獨具的特殊、藝術的生命情調。

天下無不是的父母

上帝創造人為萬物之靈，是極奇奧、藝術的，祂一方面讓人在天地中生存，與萬物同具有普遍的「物性」，一方面又讓人有一種可超拔於物性的「能」，由之以顯其「靈性」，這種人從物性中超化而顯其「靈」的特殊性（剋就人之自身言，人人都具有此「靈」，所以也是一普遍性），即彰朗了人之所以為人的價值與莊嚴。

人的靈性是什麼？一言以蔽之，即人生命中所蘊涵的慧根覺情，人對萬物有情，由此情而觸動了虛靈明覺，悟會到萬物的價值與意義，由是萌發敬之愛之之心，這就是所謂的道德意識，而孝，正是一切道德意識之表現的開端，有子謂孝悌為仁之本（《論語．學而》），在在說明了家庭中的倫理生活，對我們內在「靈性」的呈露與引發，有著最本質的重要性。

明儒羅近溪說得好：「道之為道，不從天降，亦不從地出，切近易見，則赤子下胎之初，啞啼一聲是也。聽著此一聲啞啼，何等迫切，想著此一聲啞啼，多少意味其時骨肉之情依依戀戀，毫髮也似分離不開，頃刻也似安歇不過，真是繼之者善，成之者性，而直見乎天地之心。」（《盱壇直詮．上卷》）赤子的出胎，因愛戀母親之懷抱而叫啼，此中給我們一個很大的啟示，即：人類原本就有一「不必慮，不必學」之渾然天理的孝心，儘管父母有所謂的「原罪」，有泥重的氣質障蔽，在赤子之心中，天下永無不是的父母，故而每一嬰兒的出生，無不難以割捨母懷而哭啼。

誠然，父母之生我，不論是否出於他們的意願，從理想境言，即表現了父母之能超越我執的一種「公」精神，因為我之生，在現實生活中，必然帶給父母困擾，諸如：在精神上，父母必花費很多的心思與精力來照料我，在物質上，父母因我的存在，必分食予我，相對地即減少了他們物質的享受，他們肯於犧牲自己，來成全子女，即是一「公而無私」的精神展現。

或謂：父母辛苦生育子女，只是為了「養兒防老」。其實，子女未來孝不孝順，成不成器，乃至父母是否能活得長久，以得子女將來奉養等等，這些都是不可預知之天，父母不此之問，只顧生兒育女，這種「無所為而為」的表現，即涵了一高貴可感的道德情操。

或謂：父母之生我，只是為了他們擁有一專愛的對象，以遂其私。其實，父母不只愛我，更要我去愛別人而結婚成家，要我去愛我所生的子女，乃至要我去愛世間的一切人一切物，因而父母對我的愛，不是一「佔為己有，不容我之愛為他人所奪」的愛，而是一「推其愛以及人之愛」的真純大愛。

或謂：父母生我，徒使我陷於世間苦海。實則，人有生命才能表達精神，也才能展現人生的價值與意義，所以父母之生我，也許真讓我在現實生活中受苦受折磨，但此受苦受折磨，也正是鍛鍊我，使我人格更成長，而予我有表現「突破艱難與困限」之「能」的機會，

「愛之能勿勞乎？」正因父母之愛我，因此不讓我空享清福，以免使我淪為一怠惰而不知長進的人，要我在勞苦中體會人生，從艱困中成就人格，所以對父母之生我，我們當知感恩，感激他們予我生命，使我能有一生命為資具，以展現精神的價值。

要之，我們如能從形上的意義去悟會，則父母通體是德愛，純粹是精神，天下豈有不是的父母？這種能從形上意義去看父母的心，即是赤子之心，亦即是人之所以為人所蘊存之聖潔至純的心，人有聖潔至純的心，才能照見聖潔至純的父母，也才真有孝敬的道德意識，所以要闡揚孝思，實踐孝道，首要之務，即當先培養赤子之心，提撕聖潔至純的心靈。

唯人有赤子之心，在人倫日用中，才能把父母氣質上的無明淡化、合理化，比方：父母因求好心切而屢指責我，我則不敢視之為嘮叨而厭煩，更不敢視為屈辱我的人格而加以抗拒。此時我必當想到：正因父母尊重我的人格，寄我以厚望，深信我終必能改過向善，所以才不厭其煩地再三叮嚀我。識此，則必反躬自省：何以我屢勸不改，而要父母來操心？一切都能躬自厚，以父母之心為心，自無所謂的「代溝」產生，家庭自也和樂融融了。

當然，從理想境說，天下無不是的父母，但落到現實存在面來，父母仍有一氣質的限制，易言之，父母與常人一般，都同樣會有過錯，所以子女對父母的過錯，不可「盲敬」、「愚敬」，當「事父母幾諫」，助其消除現有的物氣，以復父母精神上的絕對神聖性，這才算是真正的孝子，但過程中須時時提住赤子心靈，「見志不從，又敬不違，勞而不怨。」全然一片赤誠，不覺委屈，才不致淪於急切，而使孝心變質。

唯時時保任赤子的心靈，人的行孝，才能主動地「感」，而不被動地「應」，能主動地「感」，則不論父母的言行表現如何，對我態度如何，我都能超越現實而照見形上的精神父母，因此我之行孝，是絕對的、無條件的。被動地「應」，則是我之孝或不孝，但看現實父母之言行如何，對我如何而定，父母表現好，對我好，則孝，反之，則不孝，此即我之孝或不孝，是相對的，有條件的，如此的孝，終失其為主動自覺的道德性格。

能時時保任赤子的心靈，人乃能一心一德，貫徹始終，父母在世，我孝，父母不在世，我亦孝，我之對父母，「生，事之以禮；死，葬之以禮，祭之以禮。」（《論語·為政》）時時有孝道的自覺，則我之行孝，乃得全然「由仁義行」，而不是「行仁義」，一切都能出於道德的自主自律，無任何外在之他律規範的驅迫，則子女對父母展現一不容已的自然親情，行孝乃可大可久。

當今社會，人心物化，道德式微，人在現實中生活，心靈很難擺脫名枷利鎖，人提振不起精神，社會將淪於一黑暗迷團。「百行孝為先」，要提倡社會道德，當先重視孝道，要實踐孝道，正本清源的做法，不在強制的法律規範，而在喚醒主動自覺的人心，「民可，使由之；不可，使知之。」民可行道，則使其踐履之，民不可行道，也要使民知「道」乃當然之理，而由知以踐行，所以闡揚孝道，提撕赤子的至純心靈，乃是當前我們所應努力的方向。

家庭倫理與社會安定的關係

一、法治、禮治與家庭倫理

當今的工商社會，是一多元化的社會，一現實的社會，一講功利的社會，一求新求速求變的社會。多元的社會每易使人淪於彼此互不相知，只視對方為一符號，一抽象人，而沒有互內的情感交通，個人與個人之間，往往只依於各種抽象的目標、概念來組織團體，彼此貌合神離，遇有利害衝突，即相互漠視，相互排拒，此唯眼前利益是重的現實社會，彼此間自沒有真正的價值與理想存在，故而每每以一己的主見，攻訐對方的異見，如是，將使人情日益澆薄，寡恩無義。而求速求變、急功近利的結果，更易迷失自我，導致投機風氣日熾，犯罪行為層出不窮，社會瀰漫著貪、暴與懶，凡此，都會破壞人際和諧，造成群體的不安。

挽救時弊，要有二端：一為禮治，即培養倫理道德的情操，使人人崇禮守義，而成為一互內的存在關係；一為法治，即嚴格制法執法，以杜防人的行為越軌，而用外力將人結合起來。

禮治與法治雖都可促進社會的安定，然而二者的性質截然不同，蓋法治雖是一道德的客觀化，具強制性、制約性、時效性，然而它不教人有尊有親，人在刑罰之下，其自尊被壓抑、破壞，於是人格被降格為他律的、被主宰的、被制約的自然動物。且也法律只保衛個人與個人間的相對權利，禁人之為非作惡於行為之後，法律所能制約的，只是人的普遍行為，不能窮竭人的一切特殊行為而規範之，因此法令無論如何嚴密，都有它不足之處，容人作各種不同的解釋或曲解；而制法者也往往會有利己之意圖摻雜其間，是以法令之制訂或改進，都難臻於絕對完滿，……凡此在在說明了法治有其限度，所以它對安定社會的作用，也只是一治標的性質。

禮治則不然，它雖無強制性的規範，也沒有法治的時效性，然而它教人知所尊，知所親，導達人的情感，使人在性靈上相互融通交流，使人人自覺自己是一自律自主的道德主體，而自由、充分實現其良心善意，孔子謂：「道之以政，齊之以刑，民免而無恥；道之以德，齊之以禮，有恥且格。」（《論語．為政》）誠哉斯言！能自內在陶養禮義，自尊自重，法未禁而自禁於動機之先，自無不當的行為表現。內能守心法，行人道，所謂「鑽法律漏洞」等情事，更無由發生，所以要真使社會安定、和諧，根本之道，即在崇尚禮治。

要落實禮治，即須講求倫理。倫理者，人倫之理也，此所謂人倫，非一般世俗所指的「人際關係」，一般世俗所指的「人際關係」，帶有功利的意味，而人倫所指的人際關係，則剋就人與人真誠的感通，以及應事接物的規矩法度言，所以無絲毫的功利意味，而待人以誠，乃出於道德主動的自覺，不誠，則我心不安（《論語》謂宰予欲廢三年之喪，孔子反問以「於女安乎？」即蘊此義），此安或不安，就是「得我心之同然」的理，人人依此「人同此心，心同此理」的理來相對待，即所以為倫理也。

〈禮序〉云：「禮也者，體也，履也。統之於心曰體，踐而行之曰履。」禮一方面必求我心之道德的自覺（體），一方面須落實到群體中去實踐（履），才算完足，「實踐」所以提撕「自覺」，「自覺」才能成就「實踐」，所以群體生活乃是陶養道德自覺之最好、最自然的方式，而家庭是最原級的社會，因而是最先培養道德意識的場所，由此而層層擴充向外。中國人講五倫（父子、君臣、夫婦、長幼、朋友），五倫之中，家庭已占其三，其餘二倫又比擬君臣為父子，比擬朋友為兄弟，五倫從家庭發端，由家庭衍義，顯而可見，所以要發展社會倫理，促進社會的和諧與安定，首當注重家庭倫理。

二、恩愛意識的培養與人際和諧的關係

家庭之中，有夫婦、父子（含母女）、兄弟（含姊妹）三種關係，《易．序卦傳》云：「有夫婦然後有父子，有父子然後有君臣，有君臣然後有上下，有上下然後禮義有所錯。」足見夫婦乃人倫之大始。

夫婦的倫常，在一「別」字，別有二義：一指職份之別，一指情愛之別。

職份之別，即「男主外，女主內」之義；主外主內（「主」非「專」義，因此夫在家也當協助家務，不可推一切責任全由妻來「專」），只順其天性的自然，原無抑女重男的意思，中國人言陰陽，不言陽陰，陰在內，陽在外，就生物的進化言，也是先陰而後陽，陰是生生之主，而陽為副，陽在外活動，乃以輔成陰在內之生生，陽在明顯處，供使用，陰在隱藏處，為根柢，「守柔曰強」，此即道家所謂的無用之用，生命固貴有用，但更貴能藏，語云：「一個成功的男人，背後必有一賢慧的女子。」女性在暗處相夫教子，「齊家」之功厥偉，所以先儒之從職份上講「夫婦有別」，只剋就天性自然之所適言別，夫婦相輔相成，乃能齊家，因而人格絕對平等，「道法自然」，夫婦無輕重，職份無賤貴，則社會中必無爭權奪勢的糾紛。孔子謂：「施於有政，是亦為政，奚其為為政？」（《論語．為政》）人人安於其分，順其天性、天命之所適以行，「各盡其性」，天下自然太平。

而情愛之別，即我之夫（婦）有別於他人之夫（婦），嚴其別所以專其愛，是以夫婦的倫理，最重在彼此間的愛情貞定，此所謂愛情，從形上意義講，即指夫婦在精神上的相屬，及兩造之個體生命間的相互溝通，人格的相互信任、開放、融通與合一而言，男女結為夫婦，其義即在相互承諾，彼此要永恆地朝此方向去努力，其婚後要一輩子共同生活，即意味著要將此努力落實在每一個人倫日用的客觀事務上，以求彼此心靈上相互感通的真實體現。中國人婚典中之拜天地、拜高堂、以及夫婦交拜，即象徵了夫婦許下「願永遠相愛」的誓言，並表示了往後的生活，無論如何艱辛，彼此在婚姻之路上，都要堅強、勇敢地面對，共同克服重重的困阻，以通達永恆之愛的信念與決心，夫婦能彼此為愛而承擔，愛便凸顯出了一強者的道德情操，因此吾人可謂婚姻實是鍛鍊個人人格，使之更堅強，更能無條件去愛人的最佳人格修養的環境，《大學》謂：「修身、齊家、治國、平天下。」一個人如無法自修其身為一強者，如無法始終不渝地愛自己的夫或妻，連一個人都愛不來，如何能去充分愛他人，乃至愛整個社會、人類？「一即一切，一切即一」，能在芸芸眾生中選擇一個人永恆相續去愛，即証明了自身有愛一切人的能力，因而從形上意義來說，夫婦愛情能貞定，本質上已培養出了心靈的愛苗，而構築了人世間的道德秩序，此所以謂：「君子之道，造端乎夫婦。」（《中庸》）人人的心中有愛，社會自然和諧；從現實的層面來說，「家和萬事興」，夫婦的愛情能貞守不渝，納妾外遇等情事自無由發生，也不致造成無辜子女心靈的傷害，而離家出走，遊蕩街頭，成為所謂的「問題少年」，家家祥和，社會自趨於安定。

夫婦的倫理，除了講愛，也須講恩，《禮記．昏義》云：「昏禮者，將合二姓之好，上以事宗廟，而下以繼後世也，故君子重之。」夫婦在婚後，不只彼此要愛情貞定，「合二姓之好」，且同時須共負起「上以事宗廟，而下以繼後世」之「承先啟後」的責任，以一方面對奕葉的列祖列宗負責，一方面對後世的子子孫孫交待，夫婦是祖宗、子孫間的樞紐，有夫婦，才能使先人與後代的生命得以一體連貫，悠久而無疆，如此綿綿不絕，生生不息，才有人「生」可言，夫婦之間能體會此義，知彼此原為一無血緣關係的陌生人，而今竟能相愛互信，一起生活、廝守，成全人「生」大事，成人正所以成己，因此應當交相感恩，「相敬如賓」，人人能培養出這種感恩意識，擴而充之，必能超越現實的限隔，了悟社會中的一切陌生人乃至古人，都是直接或間接成全我之精神或物質的需求者，所以我應當感恩之，而以「還債」的心情，回饋社會中的一切人，尊敬之而思有以報之，如是，則人人必會互視對方為一目的，而非一工具，夫然，人際關係即可臻於和諧。

三、孝慈精神的提撕與社會安定的關係

中國人所講的家庭倫理，最重孝道。「孝有三：大孝尊親，其次不辱，其下能養。」（《大戴禮記．曾子大孝》）「尊親」乃從積極方面言，此即為人子孫者，當秉承、發揚祖先的遺志，尊敬父母的意旨，行善踐德，以使天下人都因他的善舉美行而尊敬其祖先、父母；「不辱」則自消極方面言，意謂子孫即或無以榮祖耀宗，起碼也當自我戒惕，以免蹈罪犯過，羞辱家門；「能養」則是落實到現實層面來說，謂子女當敬謹合禮地事奉親長，使他們無物質匱乏之虞。

人生而為人，死而為鬼。鬼者，歸也，生自虛無來，死也回歸虛無，即所以謂鬼（歸）也。然而在子孫心中，祖先恆為神；神者，伸也，祖先雖生從縹緲虛無中來，死後卻仍留其遺體予子孫（子孫等於是祖先、父母的重生），其精神生命恆伸展到子孫身上，永遠活現在子孫的心靈中，永遠為子孫所懷念（今人慎終追遠，立列祖列宗的神位而祭祀之，即是一

証），因此雖死猶生。奕葉的祖宗，其形貌、言行乃至名號，雖非我所盡知，所盡識，然而剋就形上意義言，其生前既為人，必具人的精神生命，必有人的莊嚴性與神聖性，所以我可推知其必厚望後代子孫能有嘉言善行，此不論祖宗生前是否有「原罪」，是否有氣質的障蔽，乃至是否曾犯下大罪，我的心中，「所過則化，所存則神。」（《孟子・盡心上》）恆自覺其通體是德性，純然是精神，是以我之祭祀，必致以誠敬。而父母是祖宗最接近我的代表，在現實存在面上，其言行舉止雖未必皆善，然而在我的心中，永遠無不是的父母。姑不論父母是否因於一時的情慾而生我，其生我是否出於自覺，在子女「報本返始」的意識中，恆覺父母能超越其現有自我之執而生我，即具一「公而無私」的精神，所以現實的父母即或不愛我，我也當報之以孝以敬，以感謝他們對我現實生命的創生，人能以此態度面對世間的一切人，則必會專注於對方的優點，而忽略、忘卻乃至視而無睹於對方的缺點，如是，則必互視對方為一具有莊嚴性、神聖性之具體、真實的人，而不是一抽象、符號乃至一物化的人，群體中能如此相尊互重，社會焉不祥和？

心存誠敬，必然信任對方的人格，而生一廣大的包容心量，如父母對我屢屢訓誡，我知他們深信我終必有悔改的一日，故而才不放過每一個教誨的機會，此「深信我終必悔改」，即是對我人格的尊重，所以我當心存感激，絲毫不應有嫌其嘮叨的念頭，以這種廣被的心量來待人接物，自必深信朋友的過錯，絕非出於有意，此無心之過，如何計較而不予原諒？彼此互信對方之過出於無心，即是對對方「良心善性」之人格的肯定，「朋友信之」，你我不交相詰責，人際關係自然和樂融融。

然則吾人當知：這種對對方人格的尊敬，只剋就對其「精神」人格之絕對尊敬，並非對其現有生命之「物氣」的盲敬，正因不是「盲敬」，所以父母有過，我當應幾以諫，「諫」正所以企望父母能消除現有的物質障蔽，而恢復其原來之精神的絕對莊嚴性，這種助父母成善的道德責任，即是由「敬」轉來的「愛」，此愛既不離「敬」，因此我對父母的諫，不採面折庭爭，只應之以幾，「事父母幾諫，見志不從，又敬不違，勞而不怨。」（《論語·里仁》）以此婉轉的「幾諫」來對社會中的一切人，則彼此在相互的善意勉勵而非惡意的指責之氛圍中，自更樂於遷善改過，人人互勉向善，社會自無暴戾之氣的存在。

復次，為人之子行孝，也當修身踐性，辛勤力作，做到「不辱」及「能養」，「身者，親之遺體也，行親之遺體，敢不敬乎？」（《大戴禮·曾子大孝》）行事能刻刻念及自己乃是祖先父母之生命的「化身」，一切言行舉止都具有祖先父母精神生命的代表性，則當「毋忝所生」，作好「慎獨」的工夫，戰戰兢兢，不可放肆，以免成了不「肖」子，「一舉足，不敢忘父母，故道而不徑，舟而不游，不敢以先父母之遺體行殆也。」（同上）連「徑」、「游」等細瑣的事都知殆而不妄為，自「不以惡小而為之」，人人在日常生活中克己復禮，非禮勿視，非禮勿聽，非禮勿言，非禮勿動，社會哪有犯罪的情事發生？而處今日急功近利的環境，尤當堅定人生的方向，時時保持價值的自覺，不隨世沈浮，不貪橫財，不耽逸樂。耽逸樂，則怠惰散漫，仰不足以養父母，俯不足以畜妻子；貪橫財，則易鋌而走險，作奸犯科，如是，不但起碼的「不辱」、「能養」的孝道無以踐行，更造成了社會的緊張與不安，孟子曰：「世俗所謂不孝者五：惰其四肢，不顧父母之養，一不孝也；博弈好飲酒，不顧父母之養，二不孝也；好貨財，私妻子，不顧父母之養，三不孝也；從耳目之欲，以為父母戮，四不孝也；好勇鬥很，以危父母，五不孝也。」（〈離婁下〉）足為吾人戒惕。

子有子道，父也有父道，所謂：「君君，臣臣，父父，子子。」（《論語．顏淵》）中國人所講的倫理，是對列性的，而非棣屬性的，棣屬性強，則主從上下分明，容易導致君權父權高張，而使主者上者視從者下者為一工具；對列性則講平等，此所謂「平等」，即指人格尊嚴的絕對平等，父母之於子女，雖有分位的上下關係，然而個別的人格價值是絕對平等的，此即「各盡其性，各當其分」之踐仁盡性的絕對平等，亦即個別自求承擔其分位上所應負的道德責任（倫理所講的是對對方的義務，而不講自我的權利）之絕對平等，這種道德責任出於自我的自由與要求，而無任何外在的驅迫（此即禮治而非法治的精神），因此父慈子孝，都出於自願，而互不求對方回報，這種只求盡己而不求回報，正是倫理道德的本質。子女盡其分以孝敬，則「老者安之」，天下自然沒有無依的父母；父母慈愛，則「少者懷之」，天下也不見有被遺棄的子女（如棄嬰）；人人守分盡性，只講責任，不講權利，「行有不得，反求諸己」，人群生活自然和諧相安，沒有爭端。

父（母）之道在慈愛，而慈愛不是溺愛，語云：「溺愛不明」，溺愛即是一不明的愛，一無理智的愛，父母溺愛，將養成子女驕寵、任性，求所欲求，為所欲為，目空一切，小不如意，即忿言相向，不知尊親敬長，而好逸惡勞，坐享其成的結果，也將使子女失去獨立自主的能力，這種不教以義方，使子女墮落，愛心變質如此，正是父母對子女的不慈，「愛之，能勿勞乎？忠焉，能勿誨乎？」（《論語·憲問》）子不教，父（母）之過，「教育」既涵蓋於父母之道德責任中，則為人父母的，自當勤儉持家，以身作則，善盡父母的職責，以養以教，家家都有嚴格的家教，培養出健全人格的子女，沒有失落的下一代，這個社會哪會不安寧？

四、敬愛情操的陶冶與群體和樂的關係

家庭倫理除了「夫婦有別」、「父子有親」之外，還須「長幼有序」，長幼在家中，實指兄弟（姊妹）一倫而言。

「天下無不是底父母，人間最難得者兄弟」，兄是我的同一父母所生，其生命先我而存在，我敬愛父母的生命，自然也應該同時敬愛父母所創生之先我而有的生命，也當關愛後我而生的生命，「敬」乃因於一己的自感不足，而自我收斂，以承托對方之實的態度，剋就時間先後言，兄之先我而生，表示了在我生之前，我等於零，我是一虛位，他實而我虛，所以我恆覺不足，而尊之、敬之、恭之、順之；而「愛」有包覆之義，即：充實自己，以包覆對方。弟後我而生，他為一虛位時，我已是一實位，他不足而我足，因此我當以實充虛，而匡

之、直之、輔之、翼之，這種敬長愛幼，即是長幼人倫之序。

「孝」是我之生命直接對生我的父母而有的縱貫之情，這種情，由上延伸，而通於千古百世的奕葉祖宗，所以是一具有歷史性之情；而「悌」是對同此父母所生的兄弟而有的橫展之情，人在家庭中陶冶出敬愛的情操，橫展而上即為「敬」，橫展而下即為「愛」，這種能橫展而上而下，即証明了人能發揚而遍布其社會之情於一切人，由敬己之長而橫施而敬於天下的一切長於我者，也由愛己之幼而橫施而愛於天下的一切幼於我者，「老吾老以及人之老，幼吾幼以及人之幼。」（《孟子‧梁惠王》）不論長幼，人世間情感生命都能交流、感通，民情自然趨於敦厚。

兄弟在家中，長幼則擴及社會。先生為兄，後生為弟，〈曲禮〉：「年長以倍，則父事之；十年以長，則兄事之」。所以今人乃稱父老兄長為先生輩，子弟為後生輩，人生由先生後生積疊更迭而成，當我為後生時，我的一切生活、養教、訓練、扶掖，都由社會中的先生輩直接或間接負其責，假如沒有先生在前，我真不知如何成長、成熟，因此我的成立，由先生輩來，我之對社會中的一切前輩乃至古人，豈忍視為迂老、腐敗、陳舊、不鮮，摧枯拉朽，不值一顧？當知我的新奇，即自陳舊中來，而轉瞬又必自成陳舊、腐敗，我如能飲水思源，徐行後長者，敬之、畏之，自不與前輩扞格而難融，如是，今人所謂「代溝」，自無由產生，而前輩也當一本關愛之情，提攜後進，指引以大方針，而不對他有過分的期待，也不刻意營造，使他的心理構成重大的驅迫，令他自得之，又從而振德之，如是，將更易使後進欣然接受，沐浴於默化之中；然而長者也應當自知自身的困限，不要倚老賣老，擁尊自重，「後生可畏，焉知來者之不如今？」（《論語．子罕》）能謙之、讓之，虛懷若谷，在提攜後進之中教學相長，則必更為後輩所敬重，敬長愛幼，生活和樂融融，群體的道德秩序能建立起來，社會自然趨於安定。

五、結　論

綜上所論，吾人之重視家庭倫理，旨在培養夫婦間的恩情意識，提撕父子間的孝慈精神，陶冶兄弟（長幼）間的敬愛情操，要之，旨在使吾人於家庭生活中「學」習如何做「人」，知做人，則必能悟會人的精神生命所在，了解人與人相處的真諦，而將家庭成員之「位」格關係互化為「人」格關係，將彼此的權利互對的關係化為義務的絕對關係。而學者，覺也，學習如何做人，即重在道德意識的自「覺」，能自覺，則一切道德的踐履，便不會囿限於家庭，蔽於家族意識，而發展為一「家」之私，必能推擴良心之愛於鄉里，推擴良心之愛於社會，乃至整個國家、天下，此即《大學》所謂：「格、致、誠、正、修、齊、治、平」的精義所在。

《孝經》云：「夫孝，德之本也，教之所由生也。」百善孝為先，中國人重視教育，此教育的「教」字，即從「孝」字（孝乃一切家庭倫理的代表）蛻化而來，「能近取譬，可謂仁之方也矣」（《論語・雍也》），一切「做人之道」的教育之所以從「孝」來，即因於吾人的仁心，其流行而及於人物，不能無次第，故而便不能無親疏遠近厚薄的差異，然而卻又無一定的限制，其恆隨所感通範疇的開拓擴展而與之俱開拓擴展，而充其極，這雖有親疏遠近厚薄的差異，但卻無私，正如日光之隨遠近而熱度不同，非由於太陽之有私也；人子之孝父母，即表示其生命精神之能返而顧念其所自生之本，由此再及於父母的父母，及於列祖列宗，由是人的生命精神，上可通於百世，宛若融凝無數的父母祖宗以為一。由悌而敬兄，以及於一切同族的長兄，以融凝一宗族中一切兄弟以為一。孝之開拓擴展，即可孝於整個民族，而忠於民族的歷史與文化；悌之開拓擴展，即可視四海之內的人皆為兄弟；是以孝慈之道的擴充，即可縱面的維繫民族生命於永久；友愛之道的擴充，即可橫面的啟發「民胞物與」與「天下一家」的意識；這種上承祖宗之心與往聖之志，而下則求啟迪後人，以萬世的太平為念，其最初的萌芽處，即在於家庭倫理，此所以有子曰：「其為人也孝弟，而好犯上者，鮮矣；不好犯上，而好作亂者，未之有也。君子務本，本立而道生。孝弟也者，其為仁之本與！」（《論語・學而》）所以家庭倫理實是安定社會的基石。

「人之相知，貴相知心。」社會上許多衝突，都起因於不相知，吾人倘能在最原級的群體（家庭）生活中培養出自主自律的道德自覺，自知而知人，則人與人的心靈即可互通過去，感情相繫，彼此共生共榮，整個人際關係便形成一有機體的結合，人間充滿溫馨、和樂，社會自會在此無形的倫理道德之互動中趨於安定、和諧。

中華文化與校園倫理

一、儒家倫理的中庸性格

中華文化是一特重「人學」的文化。所謂人學，即教人如何超拔於物性，以從人之所以異於禽獸者「幾希」中活出生命的莊嚴，展現生命的價值與意義。

生命要顯其莊嚴，一方面要內在地求心靈的自覺（此即內聖的工夫。能自覺才顯出人為萬物之「靈」的本質），一方面要依此自覺以層層向外感通，求自我的實現（此即外王的事業。能成就他人，即所以成就自己）。人之心靈能向外層層感通，便對人、物有情，依此情而為所當為，便是義，循此情此義來表現，即展示出一種道，一種理（概括地說，道即理，分別地說，「理」是「道」的指引，「道」是「理」的實踐，道與理合一，才能凸顯人生的大道理），吾人對不同關係的人，所生發之不同的情義，自有各種不同之理的展現，孟子所謂五倫：「父子有親，君臣有義，夫婦有別，長幼有序，朋友有信。」此中的「親」、「義」、「別」、「序」、「信」即是對父子、君臣、夫婦、長幼、朋友等各種不同人

「倫」所分別展示的「理」，此即所謂「倫理」也。當然，孟子的「五倫」只是對人際五項要端的概舉，並非全蘊了所有人際的關係，而其中所顯的道與理，也只是約略地指出各別相處的綱目，並非彼此相處只此一道，只此一理，所以概舉其要，意在提醒世人當特重各倫的樞紐，以免蹈入俗常的通病，如「夫婦有別」，即當留意自己之夫（妻）有別於他人之夫（妻），「老吾老以及人之老，幼吾幼以及人之幼」，卻不可「夫（妻）吾夫（妻）以及人之夫（妻）」，不妄推自己夫婦之愛以及他人夫婦之愛，愛情貞定，夫婦之倫才能牢固，中國人講倫理極高明，而非一墨守黏滯的死教條，由此可見端倪。

儒家倫理除了顯其高明，更見其中庸。所謂中，不偏不倚，無過不及之謂；所謂庸，即平易自然，無絲毫做作之謂。舉例來說：如人有私心，也有公心，楊朱「拔一毛而利天下不為也」，這是走「私」的極端，墨子的兼愛是一種公心，這種「公」，推其極，連心中都不能有父母的存在（按：墨子原經似未含此義，此或為其門人的偏弊），這是走「公」的極端，孟子評之曰：「楊氏為我，是無君也；墨氏兼愛，是無父也，無父無君，是禽獸也。」（〈滕文公下〉）楊朱蔽於私，墨子蔽於公，二者都跳不出或私或公的藩籬，儒家則由私通於公，成己兼以成人、成物，此即是中。楊朱無君（君有社會、群體義），這是昧於良知，墨子無父，則又過於按捺、折騰，二者都非出於人的真性情；儒家則公私兩全，極其自然地由私到公，層層感通，此種真性情的表現，即是庸，儒家之所以成為中華文化的主流，其因在此。中國人本此「極高明而道中庸」的精神來講倫理，所以能綿歷三千年而歷久彌新。

家庭、學校、社會是人倫的三個層面，倫理的表現雖始於家庭，卻不囿於家庭，須層層推擴出去，及於學校，及於社會，所謂「入則孝，出則悌，謹而信，汎愛眾，而親仁。」家庭的成員是自然生命的天倫關係，社會的成員則是朋友的關係，學校是人格陶冶、文化薪傳的重鎮，其成員是朋友的關係，而師生也可謂精神生命的天倫關係，它介於家庭與社會之間的形態，是兩者間的橋樑，人人在學校中講求校園倫理，互勉以提撕純潔的心靈，培養出和諧的人際關係，自有助於社會倫理的推行，也可匡正當前家庭倫理的偏失，所以校園倫理實不容忽視。

校園倫理依其成員的關係，可分為校長與教師間的倫理，教師與教師間的倫理，教師與學生間的倫理，學生與學生間的倫理，乃至教師與家長間的倫理，及師生對校境的倫理，各成員能本中華文化的精神來相處，自可展現一和諧、圓融的生命情調。

二、以「正名」之義推動校長與教師間的關係

依分位的性質，五倫中的「君臣有義」可引申到校長與教師間的關係上說。中國在長期帝王專制統治下，每易誤導人以為臣子即「君要臣死，臣不敢不死」的奴隸，其實君臣只是職務上的統屬關係，在人格上則是對列的平等，《論語》：「君君、臣臣、父父、子子。」即已點明此義。昔子路問為政將奚先，孔子回答：「必也正名乎」，正名的用意，即是要人

體會其分位（名）之背後的實（即實質，指分位所具的意義與價值），從而各就其分位上的道德要求，戮力以赴，以使其名恰如其實，君是一具有「純粹照顧全國」意志的領導人，臣則各分擔其職務，盡其力以協助君成就其「照顧全國」的意志，所以「君使臣以禮，臣事君以忠」。校長與教師間的關係，與君臣關係相似，校長是一具「純粹照顧全校」的意志，以統合、求完成教育理想的領導人，教師則具「執行全校中之部分教育事業」，各分別完成部分之教育成效，以助校長統合全校教育之理想目標的達成。教育是「百年樹人」的神聖事業，彼此既共同為達成教育的理想而結合，則校長與教師之間即是一種「義」的結合，能體諒彼此之分位背後的「實」，則教師相信校長的意志確能統合全校教務，關照全體師生，自會忠之，而主動接受其指導與命令，此「忠」本於教師對學校教育之神聖性的嚮慕與執著，也是對教育理想之望其實現的使命感，而校長也相信教師能各依其分位而執行、完成「學校的部分神聖教育事業」而禮之敬之，如是「校長使教師以禮，教師事校長以忠」，各知彼此是「義」的互內關係，自可掃除校長視教師為奴僕、佣人，教師視校長為老闆、主人的心習。

復次，教育是一極具藝術、極為艱鉅的工程，任何一項行政上的錯失，都可能帶給學校負面的影響，是以校長不應以教育專家自居，當自養識量，有識，才能照見自己的困限，而不敢予智自雄，使人用人，也才能恰如其分，一切行政措施公正、公平、公開，校內同事自無怨懟。有量，才能兼聽容眾，而不排斥異己，更不會凡事苛求，否則動輒怒斥、凌辱，傷害師道尊嚴，不但影響教師教學的情緒，終逼使教師與行政部門對立，聯合組成所謂「教師人權會」、「教師工會」與之對抗，弄到不可收拾的地步，實非學校之福。

此外，校長尤當嚴以律己，「子帥以正，孰敢不正。」非分之財，分毫莫取，個人不良習慣，及時改進，有擔當，敢任事，辦學有績效，歸功下屬，行事有差錯，歸罪於自己督導的不週，如是，必獲教師感戴，而願充分配合，全力以赴。

至於教師，更應本其教育良心，努力教學，遇教學上的艱難，應坦白以告，求其協助、解決，對教育方針有異見，應勇於當面與校長溝通、探討，彼此坦坦蕩蕩，「擇其善者而從之，其不善者而改之。」萬不可陽奉陰違，苟且虛應，使教學無法落實；校長與教師倘能各行其分，相互尊重、包容，校務自能蒸蒸日上。

三、以「同仁」之情促進教師與教師間的和諧

教師與教師是「同仁」的關係，同仁即同人，共事之人也（依《易經·同人卦》「離下乾上」內外卦象論其義，所謂同人，義涵：「天地合德，剛柔孚化，以成天下之大用也。」易言之，所謂「同人」，即「同」法天地生生之德，行諸事以踐其「仁」之義），教師既以「文化道統之薪傳」及以「教育理想之求實現」而結合，則彼此之間更具有「同仁」的倫理關係，「君子以文會友，以友輔仁。」對教師而言，凡一切有形無形的教學活動、項目都是

「文」，「文」中有公情，教師以「文」相結合，就可使心靈相通相契，日進於道，無自家之利害夾雜其間，人際自然和諧，而彼此以「文」相互切磋，更能助益教學效果，而達到教育的目的。

「師者，所以傳道、授業、解惑也。」教師要傳道，必自求先有道，要授業、解惑（解惑有二義：一指解課業之惑，一指解為人處世之惑），也必須多多充實自己，以堪為教。所以教師於平日，當充分做課前預習，自我進修，尤應多與其他教師交換教學心得，有好書，相互推薦，有好作品，相互觀摩、欣賞，「苟日新，日日新，又日新。」彼此切磋，日日精進，教學時才能左右逢源，得心應手。有績效，相互嘉勉；遇挫折，彼此慰藉，大家集思廣益，共同尋找問題癥結，以求得圓滿的解決，如此「有福同享，有難同當」，教師間的情誼便如同手足。

言教不如身教，教師既都為人師表，日常生活中的言行舉止，當自我檢點，不把兼課視為福利而與其他教師相爭，有公事，相互支援、配合，認真負責，而不彼此推委，尤其不把學生的優良表現，當做自我教學能力表現的工具，而向同仁逞能，向校長爭功，同仁間有誤解，也應私下溝通化解，萬不可在學生面前指桑罵槐，刻意詆譭，使對方形象受損，「道之所存，師之所存也」，凡此處處自我要求，不但能維護師道的尊嚴，更可使同仁的關係和樂而親切。

「聖人無常師」，教師也要自勉「無常師」，有若無，實若虛，不只視擔任同一科目的同仁為我師，也應視擔任不同科目的同仁為我師（不同科目的老師有我所不具的專長，所以值得我請教），能視每個同仁都為我師而禮敬之，便不會倨傲不恭，也不致有「不同科別」的疏離感，人人敬而不疏，同仁關係自能展現一祥和的氣氛。

四、以「敬、愛」的態度來拓殖教師與學生間的情分

教師與學生是學校的主體，二者原是道藝授受的朋友關係，而「道」即精神生命，教師傳「道」給學生，即是賦予學生以精神生命，所以學生對老師，不敢視為朋友，而以「父」待之，此所以稱老師為「師父」，稱老師的夫人為「師母」，昔孔子死，弟子為老師心喪三年，而子貢又廬墓三年，敬師如父之情於焉可見；而為人師表者，也不敢自視為父，只以兄長居之，所以稱學生為「學棣」，由是知夫師生的關係是朋友卻超越乎朋友，而形同骨肉手足的關係，學生「敬」老師，老師「愛」學生，在敬愛的氛圍中，維繫著良好的師生關係。

「師嚴然後道尊」，教師要受學生尊敬，必須要「嚴」，嚴有二義：一是教學認真而不鬆散，一是嚴以律己。傳「道」授「業」是教師的天職，教師除了要認真於知識的充實，更要多在生活中體驗，認真於生命學問的充實。知識的領域無窮，生命的學問更無限，教師當虛懷若谷，時時學，處處學，乃至向學生學，故「學不厭」；而文化的承傳是一無盡的歷程，每一個學生都有高貴可感的人格莊嚴，各依不同的性向，都有足堪造就的潛能，識此，

便不會只偏重功課成績，也無所謂資優班放牛班的念頭，教師當信每個學生的人格終必能成全，教育也終必有效，由是生一護念的情懷，關愛之，同情之，進而循循善誘之，故「教不倦」，教師有此誠摯的教學態度，如何不受學生的尊敬？

此外，教師也要懂得教學的藝術，「毋意、毋必、毋固、毋我」，留意個別差異，「因材施教」，特殊與一般兼顧，資優與平庸並重，「有教無類」，以使每個學生如沐春風，感受到「都受重視」的溫馨。平日與學生多接觸，平易近人，和藹可親，對學生訓誡，也當適可而止，「辭，達而已矣」，以免產生教育的反效果。少責罰，多鼓勵，以引導代替灌輸，以啟發取代強制，並以民主方式領導班級，從中培養學生的自信心，使其思想、人格更獨立自主，敢於接近老師，就教疑難，如是，學生對老師的「敬」才不致變質為「畏」，以致「敬而遠之」，造成師生關係無謂的隔閡。

教師尤當關愛學生，關愛他身心的健全，就不情感衝動，任意施行體罰；關愛他思想純正，就不隨妄發表不當言論，以誤導學生產生不良的影響；關愛他成績進步，就不敢敷衍塞責，耽誤授課；關愛他的未來，就會指引他生命的價值，使他找出理想的方向。教師能時時將其人格、態度、情感真誠地表達到對學生的「愛」上，「愛人者人恆愛之，敬人者人恆敬之」，師生間自會心靈交感，合為一體。

至於學生，更當處處從正面看老師，善體老師的苦心與愛心，能從正面看，就不會有「師生只是知識與學費之交易關係」的錯誤念頭；受到處罰，就會覺得這是老師在提醒我，要我多做反省，以使自己更進步；當老師多次找我訓話，就不會嫌他嘮叨，反認為這正是老師尊重我的人格，深信我終必能改過向善，而不把我看成「朽木不可雕」的棄材；要我為班級做事，就會想到這是老師肯定我的處事能力，而不視為在找我麻煩；乃至當老師偶而在大眾面前責我損我，也必認為這是他故意在折騰我，考驗我的忍耐力，一切都從正面去看、去想，便會心存感激，而無絲毫的怨憤。

能心存感激，從正面看老師，體會老師的苦心與善意，便會由衷起敬。「敬」不只要出於教師的嚴以律己，同時也要出於學生心靈主動的自覺，學生能敬老師，在學習態度上必真誠踏實，「知之為知之，不知為不知」，不敢心存欺罔，「學而時習之」，積極認真，以自勉不辜負老師的厚望；在生活言行中，也會臨淵履薄，自我克制，惟恐行為不檢，侮辱了師長的教誨。學生能設想自己如同老師的化身，自己的言行舉止即等於老師「教育成果」的評鑑，如是，師生間的關係就一體化了。

五、以「同道」的精神加強學生與學生間的友誼

學生與學生互稱「同學」，同學者，「同學」於道也，「道不同，不相為謀」，同學求道之心相同，因而當相為謀，相互關照，以互勉共進於道。每個同學都來自不同的家庭，都從各個地方遠來相聚，所以彼此間要惜緣守分，「有朋自遠方來，不亦樂乎？」能與你同學

而不與無數的他人同學，此即是難得的緣分，「緣」是偶然的，「分」是情分，有「緣」才生情「分」，有情分才能定住暫時的「緣」，能惜緣守分，情誼日深，哪會以強凌弱，為一些小事而怒目相視？

惜緣守分必須大而化之，否則侷囿於三兩人，在群體裡就會製造許多小團體，無形中產生人際的分裂，所以彼此應「群而不黨」，要「周而不比」，不「比而不周」，而把每個人都視為我的「同道」，都是我的好朋友。

學生的心智尚不成熟，極易犯一通病，即：為了惜緣，寧與一些同學「群居終日，言不及義，好行小慧」，這種只重惜緣而輕守道，將使自己日趨墮落而不自知，同學既是同道，就要互勉以道，「見賢思齊焉，見不賢而內自省也」，時時自我提醒，「毋友不如己者」，所謂「毋友不如己者」，不是不與他交往，而是在他頹廢處，不與他為伍，使其盲情失去投靠，便會自潔其身，以向於道，如是，以進取影響萎靡，以積極導正消極，整個群體才可醞釀出「君子道長，小人道消」的格局，同學相處才符合「同學於道」的意義。

復次，今日偏重智育，每易使同學以成績「方人」，彼此為分數斤斤計較，暗中較勁，我勝人則傲之，人勝我則妒之，彼此貌合神離，將阻礙同學間心靈的交會；有競爭才有進步，但競爭應與自己競爭，求自我超越，而不是與他人互別苗頭，以逞己能，「古之學者為己，今之學者為人」，同學間以「為己」互勉向學，培養出「泰而不驕」的氣度，人有一善，若己有之，而與之同感欣幸，人有一過，也若己有之，而與之分擔憂惕，大家一體關照，就能化解彼此的芥蒂，而相處和樂。

同學既是「同道」的朋友，則彼此除了切磋學業，更要有勸善之責。勸善原不在責罵對方，而是關心他，指出他現有的缺憾，以助他知過改善。一般同學怕得罪人，每對行為不檢的同學視若無睹，以為這才是「明哲保身」，乃至虛與委蛇，隨聲附和，刻意討好他，長此以往，就成了「同乎流俗，合乎污世，居之似忠信，行之似廉潔，眾皆悅之，自以為是」的鄉愿，鄉愿者缺乏內在的真實，沒有自己生命的真力量，對同學如此世故，實失「同學於道」的真誠。然而勸善也要講藝術，彼此心態都要知所調適，所謂「友直、友諒、友多聞，益矣。」勸者真誠不欺，以客觀的角度直就對方的缺失說明，而不妄加個人的偏見與怒氣，以使自己的善意能充分、直達於對方（直），受勸者相信對方的好意（諒），不猜疑、閃躲、自衛，如此，才可共進於道，否則，就會產生反效果，「朋友數，斯疏矣」，值得大家警惕。

六、以互信、互諒消弭教師與家長間的歧見

就孩子言，家長有養育之義，教師有教育之責，二者雖一在家庭，一在學校，時間不同，場所不同，但所教的對象則一，所期望於孩子有良好表現的心情也相同，二者之交集既在孩子的教育，則家長雖不在學校生活，卻與教師間有著一種間接的校園倫理關係。

家庭教育是學校教育的基礎，學校教育是家庭教育的延伸，家長與教師之間如有尖銳的教學歧見，夾在二者矛盾中的無辜孩子，將是最大的受害者，是以家長與教師應多溝通、聯繫，以相互了解孩子或在家或在校的情況，交換管教心得，彼此教育理念與方法趨於一致，雙管齊下，交相配合，必可相輔相成，達到預期的教育效果。

家長與教師之間，尤當相互體諒、信任，家長感謝老師對孩子教育的辛勞，相信老師對孩子的一切管教都出於善意，如是，即或教師偶有不當的教導方式，就不致過於苛責，致而赴校興師問罪，挾民代以壓迫教師，「養不教，父之過」，家長倘多自我要求，不把教育的責任全然推給老師，也不縱慣孩子而視若心肝寶貝，體諒教師，自不會有冒昧無禮之舉。至於教師，更要自我檢討，「教不嚴，師之惰」，多給自己壓力，教學乃更能進步，對於家長偶然的冒昧無禮，也當體諒由於他愛子的心切，對家長善意的建言，可則採納、改進，不可則溝通、說明，以求諒解，萬不可憤而找學生出氣，而失了為人師表的風度。

七、以惜護之心來推展師生對校園環境的關愛

學校教育原不只是理論的教育，唯智的教育，更是力行的教育，道德的教育。教師的德教，除了指引學生修身為人之道外，也當在日常生活中由「人教」推廣到「物教」，所謂「親親而仁民，仁民而愛物」，物教不必遠求，能近取譬，養成惜護校園的每一物每一設

備，即具「物教」的意義；校園是師生教學的環境，環境的優美、整潔，都會影響教學的情緒，乃至影響人格的發展，校園的維護，人人有責，不可全推給幾名工友來做，偌大的校區，即使要由少數工友來維護，也維護不來，因此人人都應惜護，是以教師當引領學生關愛環境，以從中培養惜物愛物的情操。

能惜物，就知所節用，所以最後離開教室的，必會主動熄燈關扇，盥洗後也必鎖好水龍頭，不甩踢、刻劃桌椅，不塗雅黑板，不碴壞玻璃……，把校物視同自己家物一般珍惜，即是對校物有情；不妄丟瓶罐，不攀折花木，時時打掃，美化教室，維持整潔，即是惜愛的表現，全體師生能惜物愛物，整個校境即呈現一清新的品貌，此清新可愛之品貌的展現，即是校境的一種無言的回饋，師生處此環境，自然心境開朗，物我合一，此即是「境教」的功效。

八、結論

上述「以正名之義推動校長與教師間的關係，以同仁之情促進教師與教師間的和諧，以敬愛的態度來拓殖教師與學生間的情分，以同道的精神加強學生與學生間的友誼，以互信互諒消弭教師與家長間的歧見，以惜護之心來推展師生對校園環境的關愛」，在在說明了加強校園倫理，須以中華文化的精神為基礎；中華文化是「仁」的文化（仁是道德的總名，上述之敬愛、信諒、忠恕、禮讓、惜護等等諸德，都各顯仁之一端），仁者，覺也，能道德自覺，即可超越自我的封限，而設身處地為他人想，所以在消極方面，表現出「己所不欲，勿施於人」的精神，在積極方面則有「己欲立而立人，己欲達而達人」的情操，人與人相處，倘能多自我要求，只講自己應如何盡義務，而不爭求權利，自能相互敬重對方，情感交流，心光互映，哪裡會有衝突？

人相處之所以會有芥蒂，不和諧，都因於彼此善意的無法通達，只看對方的缺失，只求對方改進、讓步，而不能相互自省自反，儒家有鑑於此，強調「行有不得，反求諸己。」蓋求諸人，人未必從我，求諸己，則可全然自主，所以消除人際爭端，最有效、便捷之路，即是弘揚中華文化，光大儒家的倫理精神，人人「克己復禮」，絕惡於未萌，而起敬於微眇，則一切不合理的態度與行為，一切破壞和諧的因素，都無由產生。彼此尊重，各為對方設想，自也不必製訂重重的法律，以強力壓制對方，要求對方道德實踐，「道之以政，齊之以刑，民免而無恥；道之以德，齊之以禮，有恥且格。」中國文化重禮讓，講交情，講融通，此看似缺乏力量，但弱者在其間，卻多迴旋轉身之餘地，故而在人際中一切可滑溜前進，輕鬆融合，此即是中華文化「極高明而道中庸」的性格，校園人倫依此推展，才能正本清源，呈顯一和樂圓融的氣象。

教師節·聖誕節·學生節

九月二十八日是「至聖先師」孔子誕辰紀念日，以其有「先師」的尊稱，所以是「教師節」，以其有「至聖」的尊稱，所以也可謂「聖誕節」，此與佛教徒之稱佛誕節為聖誕節，耶教徒之稱耶誕節為聖誕節，實有對等的意義。

「大而化之之謂聖」，只要人能廣「大」其心量，時時真誠、主動，便可在有限的存在中體証無限，而「化」其混沌夾雜的自然生命為一純淨清朗的道德生命，使其人格臻於「聖」境。此即：只要時時自我提撕，刻刻不鬆弛惰怠，以使自己的人格不斷的成長，乃原則上人人都將可以為聖，滿街人也都將可以為聖人的。「聖吾聖以及人之聖」，吾人除了尊孔子為「聖」之外，自然也可肯定、敬重耶穌、釋迦乃至其他臻於「聖」境的人為聖。

「聖」原本不是指人之絕對的完美，因此可有不同之道德生命情調的：釋迦去其執著與無明，以大慈大悲的胸懷，接受一切眾生的苦痛，而願為眾生入地獄。耶穌通過人類共同的父親（上帝）的愛，而愛上帝的一切兒子，乃至愛他的敵人，而願為一切人贖罪，他們絕對犧牲自我的精神，即所以成其為宗教的「聖」格。而孔子重仁亦重禮（義），以其重仁，所以雖非宗教家，卻富有宗教家的精神，不僅情通於人（古人、今人與來者），情通於物，也情通於天地，對過去的歷史文化崇拜，對過去的偉大人格以及有恩於後人的聖王、祖先崇拜，也對今人、來者之能踐仁盡性者崇拜，其愛人類、愛世界，乃至愛一切，即凸顯了一與天地同德的宗教情懷；以其重禮（義），所以不將人生問題的解決放在死後，而直貫其精神於當下，一方面對人寬柔，一方面也對一切的事物求是非之分明，能愛人，也能惡人，對鄉愿、訐以為直者……乃至要毀滅自己民族之敵人的罪惡，絕不一味講愛，絕不一味自我犧牲，以助長對方的罪惡，而必加以惡絕、貶斥、制裁、禁止，以使他不敢為惡，此存心以仁，行道以義，徹上徹下，徹內徹外，不只重視個人，也兼顧家、國、天下，不只肯定、敬重宗教、道德的價值，也同時肯定、敬重政治、經濟、法律……等等各方面的人文價值，此即是孔子所講求之「內聖外王」的精神，也是其所以成「聖」而異於佛、耶的特殊道德生命的情調。

復次，孔子既肯定、敬重各方面的人文價值，則其心量自是博大、開放、具包容性，而無所不教，無所不學。無所不教，因而能「誨人不倦」、「有教無類」；無所不學，因而能「學而不厭」、「擇其善者而從之，其不善者而改之」，此正是孔子能成其大能成其「聖」的另一理由，也是儒家之能成為中國文化思想的主流與中國對外來之佛教、西方學術等等有價值的人文之能加以選擇、接受、攝取，以融化光大其自身文化內涵的理由。

能好學、博學，則被尊為「至聖先師」的孔子，實也是一「大」學生，所以「教師節」也可謂「學生節」。孔子既是一無所不學的「學生」，自不會以「上天下地，唯我獨尊」的

「師」位自居，也不會以先知先覺之教主的姿態來指示人，而要人相信自己有「良心善性」的人格，要人相信之、修養之、進而實踐之才能得救，換言之，人人可不必祈禱鬼神，只要自我努力，只要自信，只要自我實現，即可得救。而孔子自身既能虛懷大受，無所不容（此所謂無所不容，乃指凡合乎人道精神者自當無所不容，凡否定人道精神的邪說逆教，自也在良知的抉選下而摒棄、禁絕之），則其教，自是教人好學，不只望人學其學，當然也望人學他人之學，不只望人信其教，當然也望人信他人之教，唯如此，然後才能成就人道的大全。

這種教人無限去學的教，乃是世間最大的教，而孔子自身「學不厭」的精神，正以其無限的「學」來充實其無限的「教」，然後才能使其「教」成為世間最完善的教，此即其「師道」乃是由「徒道」來成就、完成，能以「徒道」來成就、完成「師道」，才真能成為世間的「大師」，也才能成為世間的「至聖」，而中國文化之所以能彌綸天地，貫通古今，「致廣大而盡精微，極高明而道中庸」，皆本於這種無限的「學」之成就無限的「教」的精神。學是承先、教是啟後，學是繼往，教是開來，教師能不「好為人師」，時時以「學生」自居，時時學孔子的好學精神，以無限的「學」來充實自身無限的「教」，乃真能彰顯儒家「教師」的本色，也才真能為中國文化的薪傳多盡一分力量，如此，吾人慶祝教師節才有意義。

從中華文化復興談發揮傳統的教育精神

一、文化與文化復興

吾人要提倡復興中華文化，當先了解何謂文化。文化即「人文化成」的簡稱。凡人主動將天地間的萬物萬理運用到人生層面上，使之凸顯意義與價值的，都是「人文化成」的表現。文化既屬「人」文，則它乃是人類所獨有，此即只有人才有文化，才能創造文化，其他動物則無此能力。既要「主動運用」，則人當透過其心靈去反省自覺，加以實踐；既要具有「意義與價值」，則文化必有其恆常性與普遍性，是以它是超越時空，萬古常新的。

文化中的「化」本身即涵蘊著一種動力，一種精神，所以它不是死了的古董，而是活著的生命，它不但是活的，還要繼續不斷的成長發皇，所以它是一條活流，有生命的方向，也有生命的形態。依其方向與形態，使過去、現在與未來連續成一愈滾愈澎湃的大河，一直流向無限。

文化既然是活的，則吾人講中華文化，自不是專指著某一時代的文代業績，而是指創造中華文化業績的那個文化生命的方向與形態。兩三千年來，在「儒、道、釋」思想的相激互盪中，儒家成了中國文化的主流，決定了中國文化的生命方向及形態，這是歷史洪流中自然的匯成，不是任何人可以驅迫強求的。

儒家之所以能成為文化的主流，乃因其中沒有佛家「只有取消人生而後可」及「不殺一生」的偏枯，也沒有道家「只有取消人生所有經驗而後可」及「心虛如鏡」的玄虛，儒家所涵有的強烈文化意識，乃包括了透過「人禽之辨」而來的價值意識，透過「義利之辨」而來的道德意識，及透過「夷夏之辨」（指「文明」與「野蠻」之辨，不是指狹義的種族之辨。）而來的民族意識，它講求內聖外王，不僅求「立己」，同時也求「立人」，不僅要成己，同時也要成物，它不只直指人性，還邁開一步地往外通，通向民族國家，通向歷史文化，它不但繼承了二帝三王相承下來的全民族的文化業績，更開發了常理常道，使理論踏實化，生活意義化，生命價值化。

由上可知，吾人講復興中華文化，乃是復興「以儒家為主流而決定的中華文化生命的方向與形態」，而所謂復興，包括兩層涵意：一即復，一即興。「復」是恢復我文化所固有而今已漸失的潛力，其意義乃在復生；「興」是創造我文化所能與時俱進的活力，其意義乃為發揚。易言之，一方面要「復」吾國文化的道德意識，保持住文化動源的主位性，使之能在現代化的過程中，依舊掌握到人生的意義與價值，而不淪為「只知物，而不知人」，以免導致「科學一層論」與「理智一元論」；一方面要「興」吾人「內聖」的直覺智慧，使之下貫到民主科學的概念層次上，讓「外王」的客觀事業更落實，更現代化。是以「復興」不是盲目的守殘抱闕，而是「捨己之短，取人之長；棄人之缺，守己之優」的一種活潑運動，不但使文化的生命推進一步，保留住中國的特性，不淪為西洋文化的「殖民地」，更進而以價值的意識來引導世界，使文化能服務人類而不危害人類，所以復興中華文化是一莊嚴而神聖的使命。

二、傳統教育精神的神聖性與莊嚴性

文化的復興要具成效，主要須賴教育的力量，而教育則又須以其精神為主導，因此，要復興中華文化，必須要發揮傳統的教育精神。中華文化既以儒家為主流，則傳統的教育精神自當偏重在儒家的精神。儒家的思想涵有著價值、道德、與民族意識已如上述，所以教育便是在開導心靈，以存養這三個意識，發揚光大這三個意識。儒家的教育精神是什麼？一言以蔽之，即是「愛」，愛全人類知仁踐仁，成聖成賢；愛全人類均能以「內聖外王」為職志，以促進至和至平的理想世界的達成。

孔子的思想以「仁」為中心，「仁者愛人」，所以「愛人」的精神即涵蓋在整個教育的過程中，人之所以值得「愛」，乃因「性相近」之故，此「性」指的不是告子、荀子、王充等人所說的「本能的結構性」，因為這種性是盲目的，機械的，不能主宰掌握其自己的生命，此即它乃屬於無自由意志的生物性，所以不足珍貴；此「性」乃是指孔子、孟子所說的由道德意識所建立的「理想性」與「創造性」，亦即是人人皆有的「不安於下墮、淪落」、「不安於罪惡，而從中躍起」的本性，人人都能「我欲仁，斯仁至矣。」因此，人人的人格都有神聖性與莊嚴性，都值得去相敬互愛，去互勉提撕，教師只要付出「愛」，就有可能使人從氣質的困限中超拔出來，而改變其自己，此之謂：「習相遠」，所以在「愛」的精神輝映下，教育的力量是非常大的。

正因為「人人有貴於己者」，人人的道德創造性都近似，所以只要努力，乃原則上「人人皆可以為堯舜」，人人都可臻於聖域的，此即：人人在上帝面前平等，此一「超越的平等性」，才是人類的真平等，絕對的平等，教育的意義既在對此絕對人格的提撕，則流俗所在乎的外在性與相對性之富貴貧賤的假象，就不值一提了，因此教師當「有教無類」，教育當對一切人開放。當然，此「有教無類」雖本於教師對人人所具有之「超越的平等性」的敬重，但教育畢竟不是一強迫性的措施，所以教師是否當施教，還要看對方是否具有一虔誠的受教心願，只要此刻其存心上揚而不下墮，就值得去教育他，而不必去管他過去的習氣是如何的泥重，孔子「人潔己以進，與其潔也，不保其往也。」（《論語·述而》）「自行束脩以上，吾未嘗無誨焉。」（同上）在在表現的都是這種教育精神。

人類的心靈既具有如此活潑可愛的道德創造性，則教育的方法自然是「愛」的方法。要讓心靈自主自律，要成全心靈的自由與活潑，則教學中，當「不憤不啟，不悱不發，舉一隅不以三隅反，則不復也。」（同上）此看似對受教者冷酷無情，實質上正是對其心靈的一種肯定與尊重。「愛之能勿勞乎？忠焉能勿誨乎？」（《論語·憲問》）在教學歷程中，教師不但要使受教者勞動其身體，更要使其心靈作體操，讓每一個人的心靈自己動起來，在實踐中去體証生命的真諦，所以傳統的教育精神——愛，不是一讓學生養嬌學惰的溺愛，而是一成全其心靈「向善之性」的真愛，使每個人通過道德的實踐以學聖效賢，自主自律，以建立自己的道德人格，挺立自己的道德人品，讓個人的修養不斷向上發展，德性的生命不斷在實踐過程中煥發其光輝。

從此「愛」的教育精神出發，教師對教育於是就有著神聖的使命感，而視它為一永恆的志業，一無限地開導人類心靈的工作，一肩負著繼往開來的重責大任，識此，則教師必能積極地培養出「獻身教育」的堅定情操，「學而不厭，誨人不倦」（《論語·述而》），讓教育的精神充分洋溢在人間。

三、傳統教育精神的第一步發揮

孔子的教育精神講「愛」，愛每個人可尊可貴的人格，因而重視心靈的提撕，但此「提撕」並非要吾人停滯在心學的玄理上去談，重要的是將它發揮出來，下貫到客觀的事業實踐上去表現，故子以四教：文、行、忠、信。（同上）仁的呈顯，在於人心的忠信，見之於實際的私人生活之謂行，成之為人類社會所共有的一切文化現實的大全體之謂文，可見孔子的教育內容不只包括了內在「忠」、「信」的提撕，也包括了外在「文」、「行」的表現，從外在的表現中去透露內在的莊嚴精神，這才能呈顯真正的人格風貌。所以孔子不捨近就遠，不玄談天道，也不虛講人性，而要吾人「以近取譬」，就生活中去體驗人生，以免落入玄理而不知返歸於現實。這當然不是對天道與人性的否定，只是在啟導吾人：要求得人生高明的境界，唯一的方法便是在實際的生活中去力行，去呈透，往下紮根，才不致將理想架空，所以主張「下學而上達」（《論語·憲問》），主張「志於道，據於德，依於仁，游於藝。」（《論語·述而》）此即：志道、據德、依仁之外，必須下貫到「藝」上，此「藝」尅就廣義而言，乃指種種可資貢獻人類、通達人我之事物的外在文采，大者如一國化民成俗、經邦理民的禮樂典章制度，小者如一民的正當謀生技能等等均屬之。事無大小，每一件事都涵有其豁出生命、通達人我的莊嚴性與神聖性，人只要各自盡心竭力，恰如其份地扮演他所能貢獻的角色，本質上即等於達材成德，即是「依仁」、「據德」而「志道」了。然則客觀的道德事業無窮，其形態也萬化多變，所以教育即當教人於處事時要懂得權變制宜，不可拘泥執著，此即是「游」於藝的真義。然通權中須時時保持道德的價值意識，否則處事便易陷溺於物而變質，失去原本的意義，故曰：「君子之於天下也，無適也，無莫也，義之與比。」（《論語·里仁》）故「子四絕：毋意、毋必、毋固、毋我。」（《論語·子罕》）可見傳統的教育乃是活潑的教育，它教人心靈活潑，自由自主，教人在意義與價值的原則下，處事要通權，不可呆泥，教師能把握此原則，即是對傳統教育發揮的第一步。

「愛」的教育既在教人泯除心靈的閉塞，而活活潑潑地下貫到客觀道德事業的實踐上，則教育的發揮即是教人如何由「內聖」轉到「外王」的表現，亦即教人如何在日常生活中身體力行，使人步向和諧雍穆，過著人真正的生活，而掌握到人真正的生命意義。

是以在處世時，則教人要「知人」，只有了解人，才能知道如何去愛人，也才不致使自己的善意無法恰如其分地傳達給對方，而遭到對方誤會，使愛變質，故曰：「不患人之不己知，患不知人也。」（《論語·學而》）對人要了解，則教人必須「視其所以，觀其所由，察其所安。」（《論語·為政》）從深遠處去看人，從細微的言行中去了解人。但知人之明卻常易被「浸潤之譖」和「膚受之愬」所矇蔽，所以要時加留意，同時要「眾惡之，必察焉，眾好之，必察焉。」（《論語·衛靈公》）以避免盲從。除外，要使人際關係更完好，則教人在積極方面要崇德，崇德方法很多，如「主忠信，徙義」是崇德，「先事後得」也是崇德；在消極方面，則教人要「脩慝」，亦即將心裡的罪惡消除掉，脩慝的方法則從「攻其惡，無攻人之惡。」（《論語·顏淵》）「己所不欲，勿施於人」中都可學得。而要人與人之間恢復平靜安寧，則教人要「遠怨」（遠離怨恨），遠怨的方法則在於：第一、不與人共相爭利，所以孔子提醒吾人「放於利而行，多怨。」（《論語·里仁》）第二、要不使人過勞，所謂「擇可勞而勞之，又何怨？」（《論語·堯曰》）第三、不責人太甚，所謂「躬自厚而薄責於人，則遠怨矣。」（《論語·衛靈公》）第四、要不揭人過去的瘡疤，所以「伯夷、叔齊不念舊惡，怨是用希。」（《論語·公冶長》）此外，如辨惑、尚直、慎言、守謙、恤困、敏行……都是促進人際關係和諧的要訣。

至於對待父母，則全從「孝」字下工夫，在實踐上，則教人對父母要養體、能敬、怡色、守禮、順志、幾諫、釋憂、惜己、知年、慎終……總之，人之日常生活層面既如此的駁雜，在「愛」的教育精神主導下，吾人自也當應機發揮，各遂其適。

在政治方面，則教人要以德化禮治為主導，因為「道之以德，齊之以禮，有恥且格。」（《論語·為政》）從政者尤要修心養性，以身作則，用德服人，所謂「政者，正也，子帥以正，孰敢不正。」（《論語·顏淵》）所謂「其身正，不令而行；其身不正，雖令不從。」（《論語·子路》）同時，教人要舉賢任能，共治天下，所謂「舉直錯諸枉，能使枉者直。」（《論語·顏淵》）要權責分明，「不在其位，不謀其政。」（《論語·泰伯》）權責分明的最好辦法便是「正名」，使「君君、臣臣、父父、子子。」（《論語·子路》）在位者更應將仁愛的心性表現在恭、寬、信、敏、惠上，因為「恭則不侮，寬則得眾，信則人任焉，敏則有功，惠則足以使人。」（《論語·陽貨》）使「近者悅，遠者來。」要遠者來，則必「修文德以來之。」然而政治雖以德化為主，卻仍必須以刑罰為輔，因為「刑罰不中，則民無所措手足。」（《論語·子路》）總之，傳統的教育即在培養從政者的種種道德智慧，此即：修己以敬，任人以明，待臣以禮，居上以寬，臨下以簡，使民以義，發言以謹，為命以慎，施政以信，治事以敏，養士以惠，濟眾以仁，最後使天下達到「老者安之，朋友信之，少者懷之」的理想境地。

在經濟的措施上，則教人要效法大禹之「卑宮室而盡力乎溝洫」的精神，以開源節流。要藏富於民，依人民的能力做為課稅的依據，因為「百姓足，君孰與不足？百姓不足，君孰與足？」（《論語．顏淵》）

總上所述，在「愛」的精神下，教育不只是講求心靈的提撕，更推進到外王事業的實踐，不只是對一己的個人，更普及於社會各階層的人，所以傳統的教育精神，不是躲在象牙塔中空談心學玄理，而是求在客觀的事業上發揮它的效果，彰顯它的精神。

四、傳統教育精神的再一步發揮

傳統教育的特質在於使人由倫常、性情中找回道德的心性，使人人在教育下獲得德性的覺醒，此即是一「愛人以生」的表現，愛「生」不是愛每個人生物性的「生」，乃是愛每個人德性人格的「生」，愛其有成為德性人格之可能的「生」，此正是傳統教育的神聖精神所在，以此性情之教為體，再轉為「利用、厚生」之用，下貫到如上述之客觀外王事業的實踐上，此即教育精神的第一步發揮。但上節所述之客觀事業，本質上都側重在德化的治道上，自始至終，都落在具體的個人人格上講，亦即都從根上轉化處講，所以都屬於「理性的運用表現」，此即從政治方面言，教育只發揮到教人以君相之德來化格天下，卻未進一步地發揮到教人如何建立一種政治體系，使政權與治權分開，使政權由寄託在具體的個人上，轉化、寄託在抽象的制度上，讓人民有其政治上獨立的個性，有其政治上的自覺，自覺其為一政治的主體存在，是以吾人雖有「民為貴，社稷次之，君為輕」的理念，卻無法在教育下產生民主的政治制度，吾人的教育既以「愛」為精神，則必然要由愛個人的人格尊嚴，進一步地展開到愛個人在政治上有其獨立的個體，使每個人了悟到人民除了有道德的人格尊嚴外，更有政治上獨立的個體尊嚴，同時要了解到：國家乃是由此一分別的政治獨立個體所組成，所以人民不是被動的，不是無所事事的，人人在此民主的體制下，不只要有道德文化的意識，更要有國家的意識，有著與國家共存的使命與責任。

復次，在求知方面，傳統的教育一直在心靈的自主、智慧的發展及思想與自省的工夫上求發揮，亦即教育一直在教導理性的運用表現，使「能」與「所」或「心」與「物」兩者消泯對立，成為隸屬的關係。如今，傳統的教育必須要再開一步，讓攝物歸心的「心」這一主體站開一邊，使與「物」這一客體對立，使對象從情意中提鍊出來，成為一個知識的對象，而「心」只是一認知的主體，不再成隸屬的主體，如此的教育，便能建立起科學的知識（參看牟宗三《政道與治道》）。

總之，內聖的德性雖與民主科學有關，但不是直接的關係，民主與科學有其獨特的自性，這不是由傳統重德性自覺、人格提撕的教育精神即可直轉上來，即可涵蓋盡的，因此，吾人的傳統教育精神必須再一步的發揮，使觀照的理性逆轉為觀解的理性，亦即將「理性的運用表現」轉化成「理性的架構表現」，唯有如此，吾人才能吸取歐美「民主」與「科學」之長，中華文化才能真正的復興起來。

五、結論

傳統的教育精神是愛，此「愛」乃是愛人之趨向合理性，所以今日吾人講復興中華文化，乃是本此「愛人之趨向合理性」的原則，來發揮教育的作用，不但要「復」吾國文化中「倫理」的主位，使人的生命永遠保持著意義與價值，更要邁開一步，取法歐美「民主」「科學」之所長，以「興」吾國文化中與時俱進的創造活力，讓心靈的創造性不封限在道德的範疇之中，而能布展開來，兼以投注到知識性的論証與概念性的思辨裡，亦即兼以投注到民主與科學之中，蓋真善美是人之道德理性的要求，而科學的知識也正是求「真」的一種表現。傳統教育精神的發揮在於道德理性的客觀實踐，以成就聖賢的人格，而「知識」雖與「成德」無絕對的關係，但人之「誠心求知」的態度和行為，乃道德理性之所欲求，所以科學與道德理性不但不相衝突，且更是曲通而彰的；同理，民主政體雖是一客觀的政治架構，但其內涵卻表現了在政治生活上自覺的方向，與「心靈自覺」也是曲通而彰的，因此民主科學不但與中華文化不相衝突，且更充實與延伸了中華文化的內涵。傳統的教育精神是愛，愛全人類都能以「內聖外王」為職志，以加促世界大同，而民主科學的發展，亦正是加促了外王事業的成就腳步，是以吾人講求民主、科學，正是傳統「愛」之教育精神的高度發揮，也正是我中華文化生命的再茁壯，再發皇。

道德教育如何落實

一、前 言

(一)人存在的價值

孟子曰：「人之所以異於禽獸者幾希。」（《孟子．離婁下》）誠然，人活在世間，其軀體只是一含消極意義的存在，只是一被耗費過程中的存在，人有再靈敏的頭腦，再萬能的雙手，人的形軀總要隨時間流轉，死後的形軀總與草木禽獸一般，同化於腐朽，所以人的形軀本身不是價值之所在。人在世間都追逐著各種外在的事物，以求得慾望的滿足，但外在的事物無常，人的慾望也無窮，而一己之力有限，以有限追求無限，將無法永遠獲得滿足與快樂，人竟日如此渾渾噩噩，終必淪為一純粹生物本能的自然生活，此與禽獸何異？所以也不是人存在價值的所在。然則，人的價值在哪裡？一言以蔽之，即是：人能生活在道德的精神境域之中。此道德的精神，即是人所以異於禽獸者的「幾希」處，其所以有價值，乃由於它不同於物質、身體的存在，物質、身體的存在，只是役於特定時空的現實，而為其所限制的存在，至於道德精神的存在，則是超越特定時空的存在，人能當此身體之有限而作無限的表現，此即是人存在的價值。

㈡道德生活的創造

人的良心善性是道德生活的本源，一切行為通過自己良心的自覺與認可，然後表現於外，即是一道德行為，所以吾人可以說：道德的生活即是一自覺的自己支配自己的生活。常人總是習慣把力量往外用，總想支配外界，戰勝外界，這種支配外界、戰勝外界只表示吾人有能破除外界一切阻礙的意志力量，這種意志力量未必合乎道德，要一切合乎道德，則須將吾人全部的生活習慣翻轉過來，以向內用力，能如此，才表示吾人能主宰「用以破除外界一切阻礙之意志力量」的本身，因此支配自己比支配外界更偉大，戰勝自己比戰勝外界更艱難，此所以過道德生活才是人存在的價值之故。

人的良心善性雖與生俱來，但良心善性的發用與否，則全憑現我的意志，「我欲仁，斯仁至矣。」（《論語・述而》）這種意志是一絕對自由自主的意志，是以人是否要過有意義有價值的道德生活，全依於現我是否願意去開創，吾人願意依良心善性的自覺來支配自己，來超越現我的封限，則當下即可有一道德生活的展現，吾人如不自我提撕，而順依無明的慣性滑落，則即走入物性的生活，所以道德生活全憑當下現我的創造。

人的生活是一無限的內容，因此道德生活也是一無限創造的內容：吾人能超越「怠惰」的慣性，而繼續使用現在的力量，即是「勤」的表現；吾人能超越現在的奢望，而不作「不必要」的花費，即是「儉」的表現；吾人能超越「擔心遭受困難」的現有顧忌，而繼續前進，承擔繼續發生的困難，即是「勇」與「忍」的表現。他如「求真理」也是一種道德表現，因為求真理是為了要超越現我已有意見的限制，攝求事理的本質，以破除自己原有認識的有限範圍。「利他」更是一種道德表現，因為「利他」正表示破除現我一人的隔限，而將他人也包含於我之內。……總之，道德的生活是一無限的創造內容，一切道德的行為，都在使吾人超越現實的自我，破除現實自我的限制。

㈢道德教育的重要性

人要過道德的生活，雖可當下即是，但人畢竟是易往無明的慣性滑落的，此所以孟子有「人之所以異於禽獸者幾希」之嘆。尤其處於科學文明的現代，在在都呈顯著向外用力的生活型態，人不斷受外在刺激的衝擊，不斷向外反應，而張目四顧，到處尋索，以致人之精神日益向外分散，人生活的內容也只日益向廣度趨進，相對的，人也日益缺乏精神的深度，精神因此無法凝聚，人的心靈日漸閉鎖，自我的自覺也因之而泯失。人心一向外用力，則吾人所依的道德理性與道德判斷，也只將針對他人，而不針對自己，如此，徒使人交相責斥，以致造成人我之間的精神糾縛，此病痛如不及時挽救，則科學文明愈發達，將愈使人我之間的糾縛愈形複雜、盤纏，人的仇恨、撕殺也將日益加劇，如此，則將使人類步向滅亡，而一切人類辛苦耕耘所得的文化業績也將隨之消毀。

挽救之道，即在重視道德教育。唯如此，才能使人對向外用力的對象，同時轉化為其自覺心所涵攝、所凝聚的對象，如此，才能增加生活內在的強度與深度，而人的存在也才能呈現價值與意義。

二、道德教育的內涵

德貴自覺，更貴實踐，自覺是道德智慧的表現，而實踐不只要有道德的智慧（知），更要有道德的性情（仁）與道德實踐的意志和勇氣（勇），所以智慧（知）、性情（仁）、勇氣（勇）實是道德教育的內涵：

㈠「知者不惑」的道德智慧

道德教育不只要吾人有一觀解的道德知識，更要吾人有一觀照的道德智慧，知識與智慧不同：知識指的只是一種「真」的判斷或命題，及由之而推演出的判斷或命題，或此諸判斷命題的結集；而智慧指的則是「對一問題，向一目標，順一方向，綜合的運用已成知識」而超越知識之創造性的思想，此思想是一直覺的思想，這種直覺是一破除執障，使心的虛靈明覺顯現，以了悟實在的直覺，而不是單純的感覺經驗之直覺，或單純的理性直覺，此所謂「綜合運用已成的知識」，包括了對其實際的應用或不應用，及對知識之概念的融鑄，對知識的超化等。所以知識是呆滯的，而智慧是活潑的，道德教育若止於認知，則吾人只能知何者為是，何者為非，何者合於道德規範，何者不合道德規範，但人間的事複雜而糾葛，當人陷於處事之兩難時，則將無所適從，一籌莫展，因此必須濟之以道德智慧，才能當下點活道德心靈，善用之，以及物潤物，如「保護水缸」是道德行為，「救人性命」也是道德行為，欲救人須破水缸，欲保全水缸則人必溺斃，此中無論如何抉擇，對兒時的司馬光而言，都將失於一義，在此兩難中，司馬光決定「破缸救人」一途，這種捨小義以就大義，正是一道德智慧的表現，孔子曰：「君子之於天下也，無適也，無莫也，義之與比。」（《論語·里仁》）即此之謂也。

「學而時習之，不亦說乎？」（《論語·學而》）《論語》開宗明義即點明道德智慧的重要，此中「時習」的「時」字可指為「時機」、「適時」的時，而「時習」的「習」字也可指為「實踐」、「習行」的「習」，吾人將所學得的做人原則，應幾而自然的實踐，才會有「不亦樂乎」的由衷喜悅，道德教育原本就不是一種教條的灌輸，而吾人實踐道德的行為，更不是一種機械的訓練，人是活潑的，道德也是活潑的，而道德的踐履更是活潑的，這種活潑的表現，即是一種道德智慧的發用，所以能破除事情的艱難，在有限的生活格局中，使吾人的道德事業得到神妙的曲成，也使吾人的良知不致悶死於內，而轉成一「只存在而不活動」的「但理」，此之謂「知者不惑」（《論語·子罕》）。

道德智慧至神至妙，雖不可教，也無從學，但如何使吾人容易有道德智慧的創造與開拓，其本源之道，未嘗不可教，不可學，吾人如能以此道為教，以此道為學，則對未來生生不已之道德智慧的創造，將逐漸有一把握，而如何消解道德智慧創造的阻礙之道，則孔子

「空空如也」（《論語·子罕》）及「毋意、毋必、毋固、毋我」（《論語·子罕》）之論已給了吾人相當的啟示，吾人唯有在日常生活的道德實踐中真切地下工夫，才能「如人飲水，冷暖自知」，証悟其中三昧。

㈡「仁者不憂」的道德性情

所謂道德的性情，指的是吾人的一種向善心，有此向善心，犯過，心中必然升起一股不安之情，踐德，也同時泛出無限的喜悅，此所以「助人」為「快樂之本」之故。事實上，「人之初，性本善。」每個人原本就有一向善之性，有一樂於行善之情的，只因後天的習染，以及現實環境的驅迫，其性因而汩沒，其情也因而麻木，所以如何使人的性情回歸道德，實是道德教育的一大課題。

道德的自覺自律，捨心思作用，則不可能，捨情義之感，也不能生動有力，心思作用是道德的智慧，情義之感則屬道德的性情。孔子早已注意到培養此「情義之感」的重要，他透過《詩》教以陶冶弟子的性情，故曰：「小子何莫學夫詩！詩可以興，可以觀，可以群，可以怨……。」（《論語·陽貨》）此「興、觀、群、怨」是學詩的好處，也是養情悅性的效用；誠然，《詩》三百篇之中，作者的用意，無非勸善懲惡，而措詞委婉，聲韻抑揚，使人於吟詠品味之餘，易於感動情意，激發心志，因此人的性情真摯，心靈達到平衡與和諧，所以能「思無邪」（《論語·為政》），「思無邪」，則吾人之心即瀰淪布護而凝注安住於純美的境相中，於是不再有人我的限隔，不再有主觀客觀的對待，內心通體清明，毫無夾雜與塵染，此時，吾人的私情即化為公情，一切由習染而來的不安成份，也在公情中得到了安頓，此之謂「仁者不憂」（《論語·子罕》）。

不只詩，舉凡藝術、文學、宗教、音樂等等，都有培養道德情性的作用，都是提撕惻隱之心的教材，甚至連養成守法的習慣，也涵蘊著培養道德性情的教育意義，因為在民主的國度裡，法律原本就代表著一普遍客觀的理性活動，這種客觀理性即攝存有道德的人格與性情，所以尊法崇法的養成教育也是一間接培養道德性情的教育。

吾人有此道德的性情，於處世接物之際，才能持懷一悲天憫人的胸襟，才有一靈敏感通的心性，感通是精神生命的層層擴大，而擴大的過程沒有止境，其最後則「與天地合德，與日月合明，與四時合序，與鬼神合吉凶。」（《周易·乾卦》）這種踐德的主體如能建立在吾人心中，一切道德的教育才能落實。

㈢「勇者不懼」的踐德意志與勇氣

道德教育雖須建立起道德心靈的主體（仁），與道德的直覺智慧（知），但設或缺乏一道德實踐的意志與勇氣，則吾人的良心善性必將無法客觀化於外在的事物，道德由是便成為一空懸的口號，因此要道德教育落實，人人更須具有踐德的意志與勇氣。

所謂踐德的意志，指的是實踐道德的堅定志向；而踐德勇氣，則指在道德實踐過程中，敢於面對一切橫逆的擔當。吾人有了道德的堅定志向，才能在現實自我的生存中，立一人生理想，而真實的經由知以貫注到行，直向此一理想邁進；同樣的，吾人有了道德勇氣，才能在踐履之中，摒除一切私我的慾念，超越一切可能不利於我的假相，甚至不得已的暫時不善表相，也能勇敢承擔，直使道德的踐履，得到最後的完成。

志者，心之所之也，人的心性既本善，則人理當會由這種善性發用為一踐德的意志與勇氣，但踐德是一客觀的表現，必須實現於外在的事業而後可，要實現於事業之上，則吾人必須對世間的事物有所擁有，如此，才能在實際的世間有一立足點，亦即才能在客觀的事業成就上有一開始點，然而當吾人在開始對世間諸事物覺有所佔有的同時，吾人即易將自身生命的精神陷溺其間，於是無形中產生一貪財、好名、好權、好勢的意識，使吾人的精神隨之而沈淪，此所以吾人踐德的意志與勇氣不能長久持繼之故，吾人的向上心如單憑仗自然之賜，則全不可靠，吾人要此向上心能繼續，必須要靠後天的立志工夫，而後天立志的工夫，非假道德之力不可。

道德教育並非要吾人培養出如佛家的那種「對世俗一往隔離、超越」的求「空」意志；事實上，人一來到世間，即已限定人無法擺脫俗世一切東西而存在，所以人當面對現實，此現實即或屬於「無奈」，人也當勇於承擔此一切「無奈」的現實存在。實者，佛家「對世俗一往隔離、超越」的求「空」作法，頂多只能成就其個人內在的純精神世界，而不能成就社會的文化事業，與國家、民族、人類的社會生活，吾人既受社會文明的滋潤，則當培養一回饋社會的意志，一方面不拋卻俗世所有的東西，一方面又可把此所有的東西，在回饋社會的道德意志雰圍中，化為一正面的使用，使吾人在現實的境遇中，役於物而不為物所役，如此，在踐德之際，才能「知其不可而為之」（《論語．憲問》），才能勇於突破一切無明的習氣，而陶養出超拔世俗的心量，這正是儒家「勇者不懼」（《論語．子罕》）的精神所在。

三、道德教育如何落實

道德教育既涵攝了道德的智慧（知）、道德的性情（仁）與道德踐履的意志及勇氣（勇），則吾人要使道德教育落實，也當從這三方面著手：

(一)點豁道德的智慧

1.傳道、解惑：韓愈曰：「師者，所以傳道、受業、解惑也。」（〈師說〉）傳道指的是對為人處世之道的教導，解惑則是對疑難問題的解答，二者之中包含了對是非的認識與判斷，偏重在道德的認知。知識與智慧不同，已如前述，但智慧乃知識綜合而起的思想運作活動，知識之網愈擴大，則思想活動空間愈寬敞，愈能對事理考慮得周延，其綜合運作的內在力量也愈強，亦即愈容易產生智慧，因此吾人欲求道德的觀照智慧，實當先具備道德的觀解知識，「學而不思則罔，思而不學則殆。」（《論語．為政》）「學」「思」並重，正說明了吾人對道德認知的不可偏廢。道德的智慧雖不可教不可學，但道德的知識可教也可學，這種可教可學的道德認知，實是點豁道德智慧的一有效法門，所以從事道德教育，教師當先傳授道德的知識。唯吾人當知：道德認知的教育絕不可淪於一形式教條的灌輸，否則，道德背後的精神將無以凸顯，而是非價值的判斷，也無以為吾人的良知所吸納，如此，則道德教育將無從落實。

2.注重啟發：道德教育除了「傳道」、「解惑」之外，更要注重「啟發」，唯啟發，教師才能跳出私我之執，視學生為一教育的主體，而非一灌輸道德知識的客體。誠然，任何人原本都有著道德的自主性，也都有踐德的創造性，吾人當信其人格終必能成全，教育也終必有效，因此於教學過程中，當應時啟導，以萌發其道德的智慧，唯吾人的智慧豁開，於踐德之中才不致「意、必、固、我」，一切所為，也才能呈顯「中庸之德」，此所以孔子要強調「不憤不啟，不悱不發，舉一隅，不以三隅反，則不復也」（《論語．述而》）的教學方法。誠然，人生的問題原本是無限的，吾人又如何可以平鋪地視之為一客觀的知識來傳授？所以必待個人面對著困惑與衝擊，有一真切的感受而極欲求通之時，此「啟發」的教育時機方告成熟，教師於此時作一及時的指點，才易使學生依此線索去深思與反省，如此，真正的道德智慧才能豁展，否則，教師言之諄諄，學生聽之藐藐，此無異嬌養學生的依賴心理，也形同對其道德自主性、創造性的一種藐視與侮蠛。

3.因材施教：應機的「啟發」是一點豁道德智慧的教育方法，唯吾人當同時注意「因材施教」，蓋人的稟素原本不同，智力的高下，知識的多寡，生活背景以及氣質的偏向也各有異，吾人的教材教法如不隨機應變，使各適所宜，則不但事倍而功不舉，甚且對受教者有害而無益，此中最顯明的，則是造成學生興趣索然，以致阻礙了其向學的心志。此所以弟子問孝問仁，孔子各有不同的答問之故。而「求也退，故進之，由也兼人，故退之」（《論語·先進》）的教學意義，也正為了啟發個別的心靈自覺，使其兩人打破自我氣質的封限，超越其氣質的偏執，使之在道德的踐履中，各自表現得恰如其分，適可而止。這種「啟發」的效用，在如此「因材」而教的方法下，才能彰顯而落實，不然，道德智慧的教育不只淪於空談，且更造成人力與時間的浪費，子謂：「可與言而不與之言，失人；不可與言而與之言，失言。知者不失人，亦不失言。」（《論語·衛靈公》）正是針對這種缺憾而發的。

4.下學上達：道德智慧的教育，不可光憑教師的傳道、解惑與啟發，實則，教師只是吾人德養的一外在助力而已，真正要使德智的教育落實，則須靠吾人內裡的提撕與自覺，此提撕自覺工夫不在於靜坐冥參，而在於一切日常生活中的體驗與反省，吾人若能連生活的小節都不放過，則當可了悟生活中每一層面（諸如灑掃、應對、進退）都涵有道德意義，都可由培養而融化之於生命，且轉化為吾人生命所具有的德性，吾人若有決心使各層面的生活道德化，則吾人的道德智慧將可與各生活層面的延伸而升起，此時，我當可徹知何者當為，何者不當為，如何做適宜，如何做不適宜，此印證了道德智慧（覺）一本於實際生活的真切體驗（學）而來，古人訓「學」為「覺」，即從此處闡義，此之謂「下學」。當我依理以行，若仍不能達到預期的結果，則我能知天安命，「不怨天，不尤人。」（《論語·憲問》）一本履德的初衷，也不改變實踐的立場，吾人有此知天安命的道德智慧，謂之「上達」，於是一切道德的踐履自能再接再厲，愈挫愈奮，這種「只問耕耘，不問收穫」的態度，正是道德智慧教育落實的極致。

總之，教師的傳道、解惑與啟發，學生生活的力行與體驗，不論「受教」或「自學」，在在都有著點豁吾人道德智慧的效用，吾人如能處處用心，時時反省，智慧之光自會在心中煥發。

(二) 陶養道德的性情

1.尊重個人的人格：「我欲仁，斯仁至矣。」人的習氣儘管泥重，但人的存心總有上揚的可能，吾人肯定人人有上揚的善心，則當尊重其人格；若不尊重其人格，只有引發其怨懟的情緒，人之所以怨懟，原本也都由於人只看其過而不看其善，以至令他蒙冤受屈所致。如此，將使他內心迷失而沈淪，且自陷於空虛、孤苦、矛盾之中，如此，必然漠視其自身內心的真情實感而棄之於不顧，並視自己為一無意義的存在，於是放失了人生美好的大道而不行，此即孟子所謂的「自暴者，不可與有言也。自棄者，不可與有為也。言非禮義，謂之自暴；吾身不能居仁由義，謂之自棄也。」（《孟子．離婁上》）是以教師要實施道德教育，必當平撫這種不平之氣，使學生的心理平衡，唯有如此，才能陶養出道德的性情，使之重新建立起自我踐德的信心。

2.誠懇身教的感召：道德性情的陶冶是一無形的教育，而教師人格的感召更是此一教育的主導力量，為人師表者，當以「人師」自居，而不應只是一傳授知識的「教匠」，教師態度誠懇，教導熱心，不因情緒不好而影響教學，也不因不知而妄以答問，時時自我反省改進，則必可建立起道德的風範，如此，教師的整個人格精神，將涵蓋於全部的教學歷程中，學生也如沐浴於春風化雨之下，其不良的習氣必定潛移默化，其道德的性情也更進一步地得到滋潤，孔子「學不厭，教不倦」的態度，正代表著此一偉大人格的精神，身任教師的我們，能不自反思效？

3.寓教於藝文之中：道德智慧的教育是求心靈的真，道德性情的教育則是求心靈的美：吾人心靈能美化，則可在審美的境域中化除主觀與客觀的對待意識，從而將吾人的私情化為一公情，所以心靈的美，即是一道德的性情。

藝術、文學、音樂、詩歌、戲劇等等是吾人在日常生活中最易接觸最易感動之美的客觀存在，當吾人共同欣賞、品受時，即體會到有一價值已呈現其客觀普遍性於人我的心中，此時，吾人之心也不覺然而然地向外擴充，而成一涵蓋人我之大公無私的心，此所以一切日常所從事的藝文活動能聯絡吾人情感，增進合群生活，開啟大公無私的心之故，此亦所以孔子強調弟子要學詩，曾子強調要「以文會友」之故，吾人如能寓教於日常生活的藝文活動之中，則對人之道德性情的陶養，當有莫大的助益。

4.養成守法的習慣：法律的存在，是依於吾人之一否定「不善」以成就善的道德性情與意識，守法雖或因於人之「希利避害」的習氣而不敢為非，但同時實也使此一本無道德價值的「希利避害」習氣，間接表現於一維護社會秩序的道德價值上，因此當守法守紀的習慣養成，即是化除「希利避害」的習氣而為一道德性情之時，是以教師也當要求學生恪守校規，養成習慣，則對陶養道德性情有著間接的助益，唯吾人當同時闡述校規的精神，以引發其道德的智慧，否則，盲目的死守，將桎梏心靈的活潑，使道德的性情麻木、呆滯而變質。

綜上所言，則知吾人要改善氣質，必須注意道德性情的陶養，陶養之道，在於無形的化格與感召，所以教師當時時刻刻留意自己的言行，以誠心、愛心對待學生，如此，陶養道德性情的教育才能落實。

(三) 砥礪踐德的意志與勇氣

1.以鼓勵代替責罰：由於人氣質的困限與現實存在面的艱難，人的行為難免有過，因此孔子所要求於人的，只是知過改過，並不強求人無過，「過而不改，是謂過矣。」(《論語‧衛靈公》)過而能改，則其人格只會因此次犯過的機會而更成熟，更堅卓，更令人景仰，此中道理，《論語》言之鑿鑿：「君子之過也，如日月之食焉，過也，人皆見之，更也，人皆仰之。」(《論語‧子張》)教師如能看到人生的有限，就不會一味以指導者自居，而會放下身段，與學生處於師友之間，虛心聽取學生意見，與他共同討論，教學上有錯誤，也不拘於犯錯的自尊而強以掩飾，對犯錯的學生，也必生一悲憫之心，將更進一步地接近學生，了解學生的思想、心理、苦悶、生活的態度、行為的趨勢等等，以明白其犯過的癥結所在，然後以理性幫助他分析原因，以助他改過，當學生一過再過，也當以信任的態度，鼓勵他再作嘗試，並耐心等待他成功地度過考驗，然後予以真誠的讚許，不然，如以責罰代替鼓勵，在無明的羞辱下，只有迫使學生利用各種方式遮掩其過，以圖僥倖，過錯愈遮掩，則愈積習難改，良心上的負擔也會愈沈重，如此，將造成難以彌補的人格缺憾，踐德意志與勇氣的砥礪教育就澈底失敗了。

2.倡導揚善的風氣：除了上帝，人總不能完美無缺，人之一切道德生活的實踐，一切道德人格的形式，也總不能是一無波動起伏的歷程，而人的生活方向，也總不免無一時的偏失，人如從陷溺處看，則一切人皆在地獄中，如此，道德教育無從說起，也無所謂踐德意志的砥礪，所以吾人當提倡揚善的風氣，使人漸從正面的價值看人，如此，人間世都是淨土，吾人之心也必日緝熙於光明，是以教師於教學歷程中，當多表揚社會的光明面，而少對其負面冷諷熱嘲，也不引喻失義，無情地作人身攻擊；對學生也當留面子，更不追究既往，如此，踐德的意志就會在此雰圍中醞釀、形成，「互鄉難與言，童子見，門人惑。子曰：『與其進也，不與其退也。唯何甚？人潔己以進，與其潔也，不保其往也。』」（《論語．述而》）《論語》中的這則揚善紀錄，帶給吾人很大的啟示。

3.效法聖賢的志節：人既有向善的本性，則亦必有一分天賦的踐德銳氣，但此銳氣如不經後天的鍛鍊，則易隨無明的習氣消散，所以這種自然的踐德銳氣，只能隨感而發，浮淺無根，經不起考驗，也全不可靠。欲鍛鍊此銳氣，則須砥礪踐德的志節，而古今聖賢的偉大志節是最具體、最顯朗的效仿對象，因此教師講授歷史課，不可只就歷史的自然推演軌跡平平說去，應更強調其中偉大的「立德、立功、立言」精神，及其持懷的積極服務態度，與奮鬥的志節，如此，將可導引學生成為一個不斷求人格上進的大丈夫，其踐德的意志與勇氣，就在此中長成。

4.消解俗化的習氣：工商的現實社會，使人日淪於自私、功利、短視、糊塗，在這種「一傳眾咻」的情境下，吾人無論如何著力於道德教育，總覺成效不彰，所以要砥礪踐德志節與勇氣，當須消解此一隨波逐流的俗化習氣。此俗化習氣如不消解，則將誤認為自己與大眾一樣，錯誤便可獲得保護而安全，教師除當應機指正學生外，對自身從俗的言行，更應時時留意檢討，否則，諸如：「指示學生即使不會，在試卷上也要作答，以增加得分的或然率」等等細節，都會在不知不覺中誤導學生不誠實，而妨害了他磨鍊踐德意志、勇氣的機會，不但使愛心變質，更使道德教育落空。

總之，吾人要推行踐德意志與勇氣的教育，主要的仍在於教師當先自我教育，自我砥礪，誠然，無形的「感召」是道德教育最大的力量，吾人如果也深積俗氣，糊塗墮落，不自求長進，又如何教導下一代的孩子呢？

四、結語

道德教育是一「百年樹人」的神聖工作，是一無限的歷程，是一沒有固定形式的藝術，更是一無形的化格教育。正因為它是神聖的工作，所以教師當持懷著「如臨深淵，如履薄冰」的態度來從事；正因為它是無限的歷程，所以教師當具無比的誠心、愛心與耐心去指導學生；正因為它是一沒有固定形式的藝術，所以教師當多方了解，不可以一己之私執來強求學生一定要如何如何；也正因為它是一無形的化格教育，所以教師當更自勉自勵，隨時改進自己的缺點，以建立一受人尊敬的崇高人格。教師有這種共識與修養，吾人深信一切道德教育的實施，都會逐步落實，吾人每一分的努力，也都充滿著價值與意義，願與全體教師共勉之。

論如何培養學生品德

一、導言

吾人論品德的培養，當先了解何謂品德。簡言之，品德即道德，所謂道德，包涵兩層意義：一是「道」，一是「德」。「德」是德性，指的是人之心靈向善的自覺；「道」是德行，指的是人通過其自覺，依個人的特質及當時的客觀情境所做出來的合理表現。易言之，道德是知也是行，只知而不行，不成為「道」德，只行而不知，也易使道「德」變質，必須由「知」（自覺）來引導「行」，由「行」來圓成「知」，道德才能完足；所以道德貴自覺，也貴實踐，在實踐的歷程中，由於每個人的生命微妙複雜，所面對的境遇也千變萬化，由是個人的言行舉止往往無法使德性作本然的呈現，只能作曲折的表現，此各種不同之德行曲折的表現，即產生了多彩多姿的德性「品」貌，此之謂「品德」。要之，在道德實踐的歷程中，「德」是經，「道」是權，知守經而權變，即展現品德，可見道德是活活潑潑的，而不是一黏滯的死教條。

或謂：只要學生養成遵守校規的習慣，自然可培養出品德，教師所要做的，即嚴格要求其恪守校規即可。此論殊有可議，蓋校規只是一形式的教條，只求學生墨守，雖或可養成一些日常生活的好習慣，然而如只止於此，頂多只能使學生「行仁義」，而不能「由仁義行」，學生成為守規的機器，不理悟規條背後的意義與價值，必會桎梏學生自主自律的道德心靈；且也校規的內容範圍甚有限，學生如死守而不知變通，又將如何對應人生萬變的庶務？所以要培養學生品德，不是光求其墨守校規即可得，教師要實施健全的人格教育，也絕無如此的省事。

人格教育是活的教育，教師所面對的是各式各樣的「活」人，則施教豈有固定的方式？因此吾人今論如何培養學生品德，只能剋就原則性說，不從細節論述，如何依原則而施教，端看教師個人如何可促使學生去悟會，易言之，學生自身要如何培養品德是一種藝術，教師要如何實施人格教育更是一種藝術，如何在彼此的施受互動中獲得良好的成效，對教師與學生都是一種考驗。

二、人之意義與價值的認知

教師所實施的人格教育，旨在教如何做人，學生之品德培養的目的，也在學如何做人，要之，一切都離不開「人」，捨棄了「人」，則道德教育就淪為空談，因此要培養學生品德，首要之務，即當先讓學生對「人」的意義與價值有正確的認知，否則，在現實習氣的薰染下，學生不尊重人格，視道德若草芥，問：「修養可以當飯吃嗎？」「品德一斤值多少錢？」功利心習泥重到此至極，要有效推展人格教育，縱使上帝，也徒呼無奈。

欲認知人的意義與價值，應了解人之所以為人的性格，人是萬「物」之「靈」，所以是物也是靈，剋就現實言，人有與禽獸同樣的生理機能的需求，這是人之「動物性」的存在，剋就理想言，人有心靈的價值需求，這是人之「人格性」的存在，前者的生命狀態，可稱為「自然生命」或「氣質生命」，後者的生命狀態，可稱為「人格生命」或「道德生命」，人的可貴，即在能超越「自然生命」，趨向「人格生命」，消泯「物」性，凸顯「人」性，使人不愧為「萬物之靈」，以彰朗「人」格的神聖與莊嚴，此即是人生的意義與價值；而品德的培養，即是一透過修養，使人之「氣質生命」不斷轉化而趨向「道德生命」的歷程，故是人之活出意義與價值的不二法門，識此，則學生乃能由衷地尊重人格，而萌發一涵養品德的動機。

人有一上揚的心，才能接受人格教育，領略聖賢所說的人生道理，而了悟一切現實名利，都只是過眼雲煙（道家的「無」慧，佛家的「空」慧，很有給人看淡名利的啟示），不足掛懷，人能展現「人」格，當下即是價值，即是意義，所以人在現實中生活，雖也必須為衣食謀，卻不致做過度的追求，也不致對物質生活做過度的享受，而懂得把人生的努力重心，從物質層面的追求，轉移到對道德文化層面的追求，如是，乃有一精神力量支持人去從事人格修養，因此要培養學生的品德，應先使之認知人生的價值與意義。

三、發心立志，學聖效賢

學生對人的意義與價值的認知，雖可促其對人格尊嚴的嚮往，而生發一培養品德的動機，然而若只止於此，在功利習氣強力的牽引下，學生很可能在不知不覺中向現實投靠，趁興則嚮往道，興盡則又忘了道，夫然，則對品德培養，必只三分鐘熱度，人格如何可陶養出來？要使學生毅然揚棄隨波逐流，走出「趁興」過活的形態，則須立志，志者，心之所之也，能立志，即表示下了決心，「決心」不是自然便有的，是一定要靠自己主動去立才有，心一主動，便會念茲在茲地記住「培養品德」這回事，也才能在意志上作恆久的堅持，不到成功，絕不甘休，此時，也才能將「人的意義與價值」存留在意識的深層裡，而加以省察、欣賞，從而付諸實施，所以「立志」可助吾人將恍惚浮躁的生命，定在一有意義的方向上，而展開往後一生的歷程，途中遭到艱難與挫折，必能保持一向上的精神，如是，要培養品德，內心才有動源，所以發心立志，實是修德踐德的重要關鍵。

然則要立何種「志」呢？或謂：「我不殺、不偷、不搶，平凡過日就是道德。」這種只求不害人的消極態度，只求平凡過日，人仍只是在渾噩中，無法從混沌夾雜的自然生命中超拔，而自証一純淨清朗的道德生命，這種不能自我提撕，不能自覺，又與禽獸何異？所以求

「不害人，平凡（說平凡，實即渾噩）過日」的志，等於無志，人的氣質障蔽無限，客觀情境的艱難也無限，人之品德培養的歷程自也當無限，因而立志應立「學聖效賢」的大志。所謂「聖」，指的是其生命歷程全然是人類理性的體現，此即「從心所欲，不踰矩」是也；所謂「賢」，其踐德表現雖未臻於聖境，卻能時時立住其自己，恆向理性而趨，此即「其心三月不違仁」是也；成聖成賢是一漫長而艱鉅的工程，也正因其漫長而艱鉅，才有一長遠的理想誘因，引發人作無限的努力，從無限努力中，逐步成就其自己，完成其自己，所以立志要立得高遠，才能長久保持心靈上揚的動力。

「成聖成賢」是一形上的理想境界，固可引領人作無限的努力，然而也可能因高不可攀而令學生畏懼，喪失信心，而放棄其堅持，為免此弊，吾人要協助培養其品德，要學生立志，不日立「成聖成賢」的志，而日立「學聖效賢」的志，聖賢不是人一生下來便是，乃由人後天不斷地學習培養而有，吾人要學生「學聖效賢」，只是要他學效聖賢之「凡在事事物物相遇之際，能主動去面對，不怠惰，誠懇去抉擇而不自欺」的實踐精神而已，孔子謂：「若聖與仁，則吾豈敢？」吾人身為平凡的教師，又如何要求學生「成聖成賢」？孔子曰：「聖人，吾不得而見之矣；得見君子者，斯可矣！」又曰：「善人，吾不得而見之矣；得見有恆者，斯可矣！亡而為有，虛而為盈，約而為泰，難乎有恆矣！」（《論語．述而》）所求的只是要人真誠無妄，一步一步去努力罷了，而此「真誠無妄」的態度，也正是走向成聖成賢的唯一通路，人能時時提撕自我，真誠無妄，品德的涵養即在此中滋長。

四、主動自覺之心靈的提撕

能時時提撕自我，便不會把聖賢的言行，視為教條來死守，而會從其指點中，豁醒自家的生命；死守教條，必不可久，也令人生厭，而聖賢教人之義，原也不在強行灌輸，只依個人不同的特殊生命，予以不同的啟發，此所以孔子曰：「吾有知乎哉？無知也。有鄙夫問於我，空空如也，我叩其兩端而竭焉。」（《論語．子罕》）生命的學問是生鮮活潑的，人心也活躍而暢通，通則靈（此所以謂人為萬物之靈），靈則自由自在，主動自主，所以人之自覺的心靈，一提撕便有，一黏滯便不見，人能時時自我提斯，便可悟會聖賢的德慧，將它吸收融化為自己人格成長的養分，於是在人倫日用中，表現在自己具體的行為上，依自家的風格，展現一獨特的生命情調，此之謂道德創造，佛家謂：「知我說法，如筏喻者，法尚應捨，何況非法。」（《金剛經》）真正的道德創造，到最後都要捨棄一切法，正如用竹筏渡河，靠了彼岸，即須捨卻竹筏，自行上岸一般，一切法都只是助緣，真正要有得的，仍在學生的自身，所以教師要培養學生品德，不是要把聖賢所講的人生道理，硬生生地要學生墨守，學生依樣做行為上的機械訓練，拘泥做作，斧鑿斑斑，如何展現多彩多姿的德性「品」貌？人是活的，不是僵枯的機器，只有提撕主動自覺的心靈，才可能有道德的創造。

心能主動自覺，就會超越環境等等的限囿，而成為其主人，將限制原則轉化為表現原則，從一切艱難與困限中，很快地去適應它、熟悉它、善用它，而重新找到自己的出路，是以世間之名利權位等等的得與失，都困擾不了他，得，則會自由地運用它，使它為他服務，助他表現理想，成就人格；失，則也不為它感到痛苦、煩惱，而喪失自我，不擇手段地想重新去獲得它，使它成為心靈的桎梏。

心能主動自覺，乃能破執克偏，自我成全氣質，如自己的個性順柔，可使它表現對人的親切與關懷，而不致流於懦弱，惹來別人的輕慢與欺辱；自己的個性勇敢，則可善用它來克服困難，而免於暴虎憑河，造成社會秩序的擾亂；自己的個性耿直，則可用它來摒棄無謂的客套虛文，而不致陷於急切、強求；自己的個性謹慎，則可善用它來周密行事，而不致因一味提防，致使自我淪於封閉與畏怯。

心能主動自覺，即可內在自我圓足，心不空虛，自不傾歆於物，鎮日在外找刺激，來麻醉自己。今之青少年借抽煙來呈露他成熟，借飆車來展現拉風，著奇裝異服，不修邊幅，以為這樣才算「酷」，乃至吸安吸毒，讓自己成天恍恍惚惚，以為這才叫人生享受，他們為追求生活的浪漫，原也無可厚非，但盲目追趕所謂的「時髦」，竟肆意蹧蹋自己，就使「浪漫」變質為「放蕩」，這種只求「新」不問「好」，只追逐感官的快感，而不問是非，不問有無意義與價值，皆因於心靈失去主動自覺所致，老子曰：「五色令人目盲，五音令人耳聾，五味令人口爽，馳騁田獵，令人心發狂。」（《道德經．十二章》）在求新求變的多元社會裡，人心極易受到習染而迷失，所以要培養品德，更要重視主動自覺之心靈的提撕。

心能主動自覺，即可免於從俗，比方：考試舞弊，作業相互抄襲，飲料空罐亂丟，搭公車插隊等等常見的通病，以為很多人都這樣，我當然也可以，行為與很多人一樣，便錯以為自己可依仗大眾而獲得安全保障，這種隨波逐流之心習的形成，即是人生墮落的開始。人溺於俗眾之中，被眾多虛浮無理的事相所蔽，將永無由看到人生的真理，而不自覺地走進虛偽苟且的方向，因此要培養學生品德，教師當適時予以警惕，勉勵學生多反省自問：做這事的意義價值何在？自己如此做對嗎？我做錯事要如何補救？這種補救方式對得起良心嗎？……凡事都能做全方位的反省，即可提撕心靈的自覺，增進品德的涵養。

人能從俗眾中超拔，則與朋友交往，便不會溺於情而蔽於理，否則，以氣質相交，專與不求長進之所謂「臭味相投」者為友，成天又聚在一起說些無聊話，開玩笑，耍噱頭，找理由（如彼此的生日）來狂歡慶祝，營造表面的熱鬧，以填補空虛的心靈，不但無益於彼此的進德，反易使自己墮落；心能振起，乃能「以文會友，以友輔仁。」懂得透過有意義的藝文活動，相互研討、鑑賞，相互提撕、勉勵，不但可以促進友誼的牢固，更可使彼此獲得精神的滋潤，所以培養品德，心靈自覺的提撕最最重要。

五、從事上磨鍊

道德貴知更貴行。知是心靈的自覺，行則須在事上磨鍊，知行相輔相成，才真能陶冶出品德，正如一學泳者，在岸上看熟了他人游泳的方法，如果不親自下水，經過一番溺水、嗆水的歷鍊，仍無法真能體悟要領，成為善泳者。由是知夫客觀情境的艱難，與自身氣質的困限，必須從事上去磨鍊、體驗，乃能真知，光說不鍊，其知易淪於冥思空想，不切實際。顏淵問為仁之目，孔子答曰：「非禮勿視，非禮勿聽，非禮勿言，非禮勿動。」（《論語・顏淵》）朱子亦云：「學不要窮高極遠，只言行上檢點便實，今人論道，只論理，不論事，只說心，不說身，其說至高，而蕩然無守，流於空虛異端之歸。」（《續近思錄・卷二》）可知人須時時在事上磨鍊，才能使「知識的知」化為「道德的知」，從踐履中獲得智慧，才真能成為生命的學問，而培養出品德。

人的行事，有時成功，有時失敗，成功可借以肯定自己的努力，增加實踐的信心，失敗也可使吾人從中得到教訓，了解自己人格、知能的實況，以做為下次改進的參考，即使自己的知能一時無法學成，在往後遭到類似的情況，也必善知趨避，不致盲目地重蹈覆轍，而在體識這種困限之同時，自會對別人之同一失敗的遭遇生發同情，設身處地為對方著想，如是，就不致處處以自己的角度，對事情妄加批判，而對別人作無情的攻擊，能有較公正的評價，對別人有較尊重的態度，即是一種愛，亦即是一種品德的表現。

除了可生發對人的同情心外，從事上磨鍊，也可考驗自己的處事意志，諸如：身負「公」事重任，與群眾的利益有衝突時，我是要堅持原則，任勞任怨，以勇行仁，抑或在眾人的裹脅下，無奈地逐漸讓步，使內心原有的真意受到扭曲？當事處至危關鍵，有心人虎視耽耽，隨時準備對我抨擊、挑剔，我是會堅持自信，動心忍性，抑或在痛心之餘，心灰意冷，自暴自棄？凡此種種，都是對人格的考驗，能通過嚴格的考驗，即證明自己品德涵養的精進。

人事之所以艱難，而須從事上磨鍊，即因所面對的是性格不同之多樣的生命，人很難拿捏得宜，於是心中雖升起一對人的善意，卻不知如何用別人能了解、接受的方式去表達，以致引生其疑慮與誤解，導致人際關係的緊張與不安。事情要處理得圓融，不是要自己低聲下氣，做一個八面玲瓏的爛好人（所謂鄉愿），而是要在仁人愛意的流注下，愛人以德，不愛人以姑息，愛人以德，則害人、使人墮落的事他不做，可促進人格成長的事他才做，識此，則不會犧牲真我，投靠群眾，而會在明辨是非與堅守道德莊嚴的原則下，求一與人良心善性的感通，這才叫圓融，要之，一切行事，最重要的，當先求自己內心真誠坦直，光明磊落，此之謂「執事敬」。

明儒薛敬軒云：「行第一步，心在第一步上，行第二步，心在第二步上，三步四步無不如此，所謂敬也。至若寫字處事，無不皆然，寫一字，心在一字上，為一事，心在一事上，件件專一便是敬，程子所謂主一之謂敬，無適之謂一歟！」（《廣近思錄·卷二》）胡敬齋亦云：「程子發明一敬字，於學者最力，而整齊嚴肅是敬下手處，外不亂則內自有主，內有主則外自整齊，此敬之功，所以貫內外動靜。」（同上·〈卷四〉）養「敬」的方法，教師除了在日常生活中提醒、鼓勵學生反省（如鼓勵學生詳寫週記、日記），找機會多予學生磨鍊（如舉任他為班級幹部，並勉其參加各項活動）外，對學生的服裝儀容、作業、書法等也應要求，灑掃、應對、進退等等學習的態度，尤當予以輔導，以培養其「誠中形外」，時時認真做事，坦誠做人的品格。

六、勇敢承擔，認錯改過

從事上磨鍊，目的即在讓自己的有限性從客觀情境中浮現出來，以使自己體察到言行舉止之表現違逆於良心善性的地方，此違逆良心善意之處即是過，而能體察其不善，謂之知過。人之犯過，大抵有兩類型：一是由於人之氣質的有限，其智不足以於事前考慮周詳，其才不足以於當時作妥善的處置，這種過錯，是人現實存在的無奈，人很難為它負責，所以吾人不能在這方面強求別人或自己無過；一是人已察覺己過，卻又明知故犯，不肯幡然悔改，這種「不改」的態度，才是阻礙人格成長的大過，因此要培養品德，必須要在認錯改過上下工夫。

一般人之有過不改，一方面由於自己的決心不夠，一方面由於欠缺旁人的提醒與激勵，使自己淪於糊塗矇混，得過且過。決心不夠，自然會以否認、諉責、抱屈、強行辯護、避免提及、怨天尤人、說別人還不是這樣……等等方式來遮飾，妄想從這些遮飾中僥倖逃過別人的察覺與指責，殊不知品德的涵養，全在自我的努力，不是投靠他人，避免他人察覺與指責即可完足的，別人不察覺，自己的良心也必察覺，別人不指責，自己的良心也必自責而不安，正由於不安，所以才遮飾，而越遮飾越造成良心沈重的負擔，與心靈的不自由，因而根本解決之道，即下定決心，勇敢承擔事實，認錯改過，如如呈顯自我，而予以真實的釐清與建設，心靈才能淨化，品德也才能在此中培養出來。

要讓自己下決心，須確立兩大心理建設：一即要了悟除了上帝，凡人都不是完美的，我也不例外，所以我之有人格價值的表現，不在求過去的無過，而在「認錯改過」之無限歷程上，真正的我，是當下「能知改過」之真實的我，過去有「過」的我，只是一假我，對此假我，又有什麼遮掩的價值？另一即要確認「過」也有它的意義與價值，這種價值即讓人知自己不足之處，從而思求改善，所以過錯是一讓人自我超越的資具，亦即是促進自我人格成長的養分，我何苦不敢面對它？不但要面對它、接納它，甚且當聞過則喜，因為越知自己的過，知病便是藥，我便越有機會從中求超越、改進，改進一步，即邁向完美的人格一步，如是，我又有什麼好掩過？教師能協助學生心理建設，即能勇敢地承擔自己犯錯的事實，認錯改過，而一切品德即在此不斷認錯改過中培養起來。

七、讚美與規勸的藝術

要陶養學生品德，主要固在學生自身的努力，然而教師的從旁協助，實也不可忽，教師見學生有善行，及時讚美，則可增加學生對自己踐德的信心，見學生有過錯，則也應予規勸，使其及時省悟，以增加其自知之明，因此教師對學生品德的培養，是一重要的助緣。

教師對學生，當然應持以寬厚的態度，多在群眾面前，強調其優點，如是，不只可予學生以最真實有力的鼓勵，且可讓其他同學「見賢思齊」，達到群體教育的效果，然而也當知適可而止，不保留，也不誇大，恰如其分地讚美，才不致使其產生驕矜、陶醉的副作用，也不致令其他同學認為肉麻而反感。

至於規勸，教師於事前應多自問時間對不對，場合對不對，氣氛對不對，慎選時機，學生有意願聽，教師才啟口規勸，學生聽得進三分話，教師才講三分話，在勸誡當中，教師尤應留意溫和的口吻，以免學生誤認為謾罵，致而失去對教師好意的信任，於過錯的關鍵處，採取閃躲、自衛或矢口否認的態度，如是，言者諄諄，聽者藐藐，規勸不但無用，甚或造成反效果，要之，教師於勸誡時，要切忌傷害到學生的自尊，否則，為維護其自尊心的自主，起而抗拒，反將延誤學生改過的時機。

規勸本質上只是一種純粹的說理，學生犯錯的事實細節如何，其當時的動機如何，教師在未全知之前，不宜以自己的聯想，去作肯定的批評，以免因自己所可能帶來的偏見，對學生造成冤枉的指責，所以規勸時，應多留餘地，不妨以「如果你真如我想的那樣做，那你就錯了」較具彈性之類的話，來盡提醒之責，至於犯錯的實情如何，則留給學生自己去反省，如是，才不致淪於責難的急切，使學生平白受到委曲，致而對老師反感，由反感而疏離，則教師再也沒有輔導學生的機會了。

復次，教師於規勸時，也不宜把自己當作理想、圓滿、無限之標準的代言人，而忘了自身事實上也是一有限，如是，才不致為了愛學生而流於求備，當同情他，原諒他，經常與學生接觸，增加彼此了解，以誠懇贏得他的信賴，以理性幫助他分析，以信任鼓勵他再作嘗試，並耐心等待他成功地通過層層考驗，然後予以嘉勉，則學生的犯過，即不覺丟臉而見不得人，反會因老師之真誠關切，而開放自己，接受指導。夫然，不但能真心悔改，教師與學生之間，更能因這次的互動，增加了彼此情感的聯繫。

八、人文精神教學的實施

韓愈云：「師者，所以傳道、受業、解惑也。」（〈師説〉）能於授業中，兼顧傳道、解惑，即是人文精神教學。功利社會，教師極易淪於「教匠」，只教學生「工具價值」，不教學生「目的價值」，只教學生「安身」，不教學生「立命」，泰半時間花在知識的傳授上，而不提撕人生智慧，則這種教學，無助於學生品德的培養，因而教師宜自勉自勵，一改「教匠」的心習，時時從「受業」中，兼以輔導學生如何做人，以使「知育」的教學，能兼具「德育」的效果，尤其文史社會科教師，於國文教學，不要只從字音、字形、詞意、文句的翻譯、國學常識及作者生平中的一些軼聞趣事等等方面下工夫，更應把每篇文章中所隱涵的人生義理拿出來為學生疏解，與學生共同研討，使之從中獲得更多的人生啟示，以引發彼此向上的精神。至於以感性為主之詩詞等之類的文學藝術作品，大抵具有一份單純意象的呈露，一種不可解之感覺的流蕩，教師當以鑑賞的角度，喚起學生一份直接的美感，以舒散其心中的積鬱，重振生命的活力，從而鼓舞其心志以向道，而對其中所蘊存之豐富的多義性，則引導學生去自由發掘，以培養其藝文的巧思。至於作者的介紹，重點應擺在其生平中所表現的高貴可感之人格風範的事蹟上，以引生學生由心儀而思仿效、學習。對歷史的教學，也不宜只止於歷史陳跡的敍述，尤當闡明事情發生的癥結及其成敗的理由，以使學生從古人行事之成敗的經驗中，獲得更多人生的智慧，朱子曰：「讀史當觀大倫理，大機會，大治亂得失。」（《續近思錄・卷三》）能使學生見古今的成敗，是非得失瞭若指掌，通事勢而識時宜，則即有一歷史的宏觀，教師能使歷史的教學附麗窮理格物的性格，於學生品德的培養，將大有助益。

教師要實施人文精神教學，使「德育」融入「智育」中，以達到學生品德陶冶的效果，於課中，絕不可照本宣科，當更加倍用功，時時自我鞭策，作周詳的課前準備，如是，即可在此中充實自己，享受「教學相長」的喜悅，授課能深入淺出，掌握內容的精神價值，當可引領學生超越現實，走入豐富的心靈世界，與作品的精神冥會，且與古人神交，夫然，學生不只愛老師，愛上課，更會在課堂上培養出「公」情，潛移默化其氣質，而生發更強烈的道德意識。

九、結語

綜上所提種種促進學生培養品德的方法，用心雖自問誠懇，見解雖或多可採，然而吾人並不敢保証人人必都可立即見效。蓋人格教育是一外在的安人事業，內在的修己，可全然自我作主，外在的安人，則必靠別人全「心」配合，乃能圓成；今之功利社會，人人講現實，個個貪享受，風氣敗壞，人的精神普遍提振不起來，影響所及，學生即使有心向上，恐也多「一曝十寒」，不能持久，而在不健康家庭及病態社會的重重反教育浪潮衝擊下，人格教育的實施，也往往會遭到「一傳眾咻」的阻難，所以當見學生品格每況愈下，極易使教師萌發無力感與挫折感，然而吾人如能思及今之學生在社會結構遽變的驅迫下，已無辜地淪於一沒有約束也沒有保護的環境中時，當會對之生一同情，從而知其不受感召，一方面是因於他的自由，一方面又是我的限制，學生的心既有他的自主權，我又如何強求得來？

人格教育的實施，主體性在學生，教師只是一助緣，協助其自反自悟，正如春風化桃李，是桃李自長自化，春風只是助其長助其化而已，因此，在教學過程中，教師不能以自身有限的經驗、思考模式去作強制性的規範，也不能作權威性的灌輸，而當尊重學生人格的自主自律，從旁指點，以啟發道德人格上的真理，此真理為何？即人人所本具的仁心善性，仁心善性既人人皆有，所以原則上無人不可受教，也無人不可學成，識此，則教師當承擔起現實的無奈，「知其不可而為之」，只求自己努力發光，不期學生何時能產生共鳴，何時能接受感召；正因現實社會的沈痾，在於多數人欠缺道德涵養，吾人才更要堅守崗位，努力推行人格教育，也正因學生不易受教，給我們更多教學上的難題，吾人才更要具耐心，認真反省可行之道，而求一一予以破解，唯吾人在此中培養出耐心、愛心與信心，教師的品德才能更長進，以身作則，成為學生眼前活生生的典範，如是，也才真能增強對學生的感召力，加速教育的成效，識此，則吾人才能一本「學不厭，教不倦」的精神，一往無前，為「百年樹人」的神聖教育事業作最大的努力，為整個國家、民族的前途作最有意義的奉獻。

略論團結和諧之社會的建立

一、社會生存的基礎

吾人要談如何建立一團結和諧的社會，當先認知社會存在的基礎。所謂社會，乃指二人或二人以上，依某共同善意目標而結合的團體，此所謂「共同的善意目標」，乃剋就廣義言，我與父母兄弟妻兒成立一個大家庭，以共享天倫之樂，此「享天倫之樂」即是一共同的善意目標；我以道義交結朋友，此「道義之交」雖也是無所為而為，但彼此在無形中獲得了珍貴的友誼，增進了生活的情趣，此「友誼」、「生活情趣」也可謂一共同善意的無形目標；我與人合夥設立公司，經營事業以圖利，此「圖利」也是一共同的善意目標（以正當途徑求利，無道德的缺憾，故為一善意），不論此目標屬有意的或無意的，屬外顯的或內隱的，要之，社會之所以為社會，原即本乎人的善性與好意，彼此互助、同情，拋卻一己（此所以社會非一人所組成，須二人或二人以上才能組成之故）之私念，乃得以生存，所以吾人可謂：社會存在的基礎即建立在人的善性好意上。

或謂：社會的存在基礎在於鬥爭（馬列主義者即持此看法），此一階級鬥倒彼一階級，才能使此一階級所組成的社會生存下來。此論雖似言之成理，然而吾人試想：此一階級在與彼一階級鬥爭時，若此一階級之內部不互助、同情，如何有力量可與彼一階級相抗衡？鬥爭越烈，其階級內部勢必越團結，才能克制對方，生存下來，所以階級鬥爭的社會之所以能生存，其基礎與其說在鬥爭，不如說在團結與互助，此「團結互助」即是人類之一善性好意的客觀化。此階級所掠取彼階級的利益，非只一人獨享，必也與同一階級中的其他人共享，此不全佔為私有而能「共享」，即是一善性好意的表現，可見不論在何種型態的社會中，人類本有之善性好意是具有普遍性的，亦即是一不私執而能超越己利的，是以此一階級之所以鬥倒彼一階級而掠奪其利，只供此一階級之用而不顧及彼一階級，乃因於道德智慧的不足，而扭曲了人類善性好意的本義所致。

二、團結和諧的內涵

社會存在的基礎既在人的善性好意，則社會雖有實然之外在的衝突，卻有應然之內在的和諧，所以吾人對建立團結和諧的社會，當具有堅定的信心。

團結乃人群依於一核心目標而生的凝聚力，此核心目標越朗顯、越具體，則越對社會中的人之心靈產生寄託，而越顯其價值，其價值越能普遍化、永久化，則越為社會的成員所認同，越為社會的成員所認同，則「人我對峙的意識」即可化除於無形，於是人我無差別，而僅存一公有的目的，彼此間的情與義由是而產生，此之謂和諧；人在此和諧的氛圍中，才能顯現理性，才有一確認公利中即涵攝了己利的智慧，有一整體中即蘊存安定個體的悟解，此公私的交互涵攝，人我的統整合一，即富一趨向團結的力量，如此，則社會自然越趨團結。所以吾人求社會的團結，首當求社會的和諧，求團結核心目標的價值利益在共同性中保持超然公正的意義；易言之，社會如不和諧，此價值性倘為社會的現實所腐蝕，利益標準倘受少數分子所削奪，則團結的力量即呈現退縮，社會遂走向分裂，因此吾人是否能建立一個團結和諧的社會，當自此處來探究。

三、確認政治真義，敞開從政胸襟，以引領全民步向和諧之路

政治是管理眾人的事，此所謂「眾人」，即指整體的社會而言，此所謂「管理」，本質上是一種義務與承擔，而非權利與享受，所以政治的真義乃是對社會全民福祉的一種責任，此責任不限於從從事狹義的實際政治活動去表現，吾人只要站在自己當前的社會地位上，好好盡一己之力，即表現出對社會全民福祉的一種責任，亦即我的工作已含蘊了政治的價值，因此吾人所從事的任何人生文化活動，只要是當做的、合理的，即與實際的政治活動居一平等的精神地位，也具同等的價值，而吾人的心靈光輝也已涵蓋在天下國家之上，此「施於有

政，是亦為政」（《論語．為政》）的理念如能普遍根植於每個人的心中，則個人與個人之間，政黨與政黨之間，對是否能取得直接而實際的從政活動機會，彼此都可泰然處之，而不致傷害到社會的和諧。

從政治的價值上言，吾人在自己工作崗位上全力以赴，既具有政治的意義，則掌不掌有「治權」，理應無關宏旨；但從責任上言，為免民主政治變質，而成為另一型態的專制，則人都有政治上的責任，從政本身原本就富有其神聖性與莊嚴性，一政治上的決策，動輒關係到千萬人的福禍生死，關係到整個民族國家的盛衰興亡，如此神聖的責任，吾人又如何當仁而讓？人既為社會的成員，既與整個社會國家休戚與共，如果誰願從事實際的政治活動，誰都應有同樣的從政權利與機會，此之謂「民主」，所以民主政治的精神，即是肯定尊重他人也有從政的能力，他人也有擔負政治的責任，亦即包涵了對我以外之其他人從政能放心，此一精神能確立，則可化除社會上之政治的「對峙意識」，政府與人民的關係，不再是隸屬與領導的關係，也不再是服從與支配的關係，而是一尊戴與涵容的關係。我表現得越有政治的道德責任感，表現得越能擔負全民福祉的能力，則越能從選舉中贏得真正的尊戴，越有機會從政，以實現我的政治理想。當我從政之時，我必須堅秉從政的崇高初衷，時時作各項行政革新，使政治邁向科層體制，順應時勢，時時調整自己，使政治更具中庸性，接近民眾，以民眾的公僕自居，以民眾的福祉為依歸。我並當敞開政治胸襟，虛心接受別人的批評與指正，對不同意見的人，應設法溝通，擇其善者而從之，其不善者而改之，對堅持成見的人，也應持相當的容忍態度，從大體的差異中，享受其「部分的相同」，容忍其「部分的相異」，並接受「人有不完全依我意思的自由」事實，如此，才能從容忍中轉為更積極的努力，以強化社會核心目標價值，使團結的凝聚力，不因彼此的芥蒂而式微。尤其當我有行政上的過失，則當勇於承認過錯，勇於改正過錯，絕不可蓄意文飾或搪塞，我若勇於改過，則如「日月之蝕」，終會歸於光明；我若蓄意文飾搪塞，則將以過釀過，終將鑄成難以彌補的大過，如此，將傷害到全民的福祉，社會的團結和諧也因此而遭到破壞。因而吾人應有一共識：在個人氣質的困限與現實環境的艱難下，人所從事的政治活動是永遠無法完滿無缺的，所以從政者的價值不在完美無缺，而在勇於認錯改過；從政者能認錯，即是一種政治的承擔，能改過，更是一種人格的價值，此正是全民尊戴的本質，也正是由政治引導社會和諧的步調。

四、喚起民族文化意識的覺醒，以加強社會的團結

除了敞開政治胸襟，化除政治的「對峙意識」，以引導社會步向和諧之外，民族文化意識的提撕，也是加強團結之道。

中山先生在〈民族主義．第五講〉中對團結之道曾明確指出：「用宗族的小基礎，來做擴充國族的工夫。」家族、宗族之所以足資促進團結，乃因其自身即是一相當具有凝聚力的

團體，其團結和諧的基礎，是由於「敬祖親宗的觀念，入了中國人的腦，有了幾千年。」（同上）「敬祖親宗」是一倫理道德的意識，亦即是我固有的民族文化意識，此民族文化意識必須從家族、宗族的封限中解放出來，使人人不只認同家族、宗族與自己是一或近或遠的血緣關係，所以當敬當親，更要放大歷史的眼光，認同所有的中國人原本在遠古都是同一血緣關係，都是炎黃的後裔，所以也當敬當親。人人都在五千年的歷史文化中孕育成長，都在倫理道德的意識薰陶下，培養出了中華民族獨特的崇德風格，奕世列祖列宗及當前的吾輩，乃至千秋萬世之後的子子孫孫，都在此「大同」處為爭民族的生存而努力，為爭人類的價值而奮鬥，所以人人都當敬當親，此民族文化意識的認同，即是「用宗族的小基礎，來做擴充國族的工夫。」唯如此，整個社會在意識型態上才能真正團結，省籍的隔閡，政黨的磨擦，及社會一切利害衝突也都可消泯於無形。

五、貫徹法治精神，以推促社會的團結與和諧

吾人除了要加強上述之促進團結和諧的形上意識外，更要貫徹法治精神，使人人在客觀具體的法律指引下，在日常生活中建立起有條不紊的秩序，社會自然團結和諧。

蓋民主制度中的法律，即是用來保障人的權利，此「人的權利」所指的，非必是我一人的權利，而是一切人的權利，此肯定一切人的權利，即是「只保障一己權利」之觀念的一種

超越，此即：法律的本質只是保障一己之理性的權利慾，同時也節制了一己之非理性的權利慾。可見法律是一具有普遍肯定一切人之客觀權利的理性表現，既是「理性的表現」，則此中即包含了一化除「人我對峙」的意識，自也蘊存了團結和諧的精神。是以吾人維護法律，尊重法律，即是維護、尊重此「化除人我對峙」的理性客觀表現。法律在吾人生活中客觀化為一是非準繩，其中有道德精神的內涵，更有道德所不及的形下制裁力量，因而易為人所遵行，人人遵法守紀，社會自會在無形中趨於團結和諧。

但吾人須知：法律所代表的，只是一相對的理性表現，而非一絕對的理性表現，因為法律是由人製訂的，而人在製訂法律之時，不免故意或不自覺地摻入不合理的私慾；且法律條文往往只具一普遍性與概括性的內容，而人的行為則具特殊性，因此無論法律如何嚴密，將無法對人的一切行為面面俱到的加以規範，所以對法條所未及之處，有心人就可能作不同的解釋，甚或故意作各種不同程度的曲解，如憲法規定人有言論自由權，則人可能借此法的保障而走「法律邊緣」，發表一些危害國家社會的言論，是以吾人要從貫澈法治的精神中求得社會的團結與和諧，必須要使此現有的「法」，不斷地作全方位的理性修訂，如此，法律才能更代表吾人之普遍客觀的理性，才能更具一「化除人我對峙意識」的和諧內涵，同時，更要使人人的道德意識不斷地提升，才能使之對「法」的真正意義產生觀照的智慧，使人類道德理性依附在「法」的理性之上而客觀化之，如此，要從法治精神去推促社會的團結和諧，才有可能。

六、倡導倫理道德教育，以建立一永久的團結和諧社會

以法治來推促社會的團結和諧，是一便捷有效的法門，但吾人須知：「法」乃是一外在的契約性質，此契約使人與人的和諧關係，建立在純事務的關係上，我只要不外顯一不合理的行為，我內裡即或充滿著諸如憤世嫉人等不合理的情緒，「法」對我無奈，人人都只「自掃門前雪，莫管他人瓦上霜」，「法」亦無奈，所以吾人如想專從法治來求社會團結和諧，恐怕也只是一治標的方法，而無法獲得根本的解決。

復次，現代文明所帶來的功利心習，是社會團結和諧的最大潛在阻力，人在此功利心習下，看人的行為、人的文章、一切政治事變、甚至一切學術文化，往往不從其正面來看其本身的價值，而專從背面去看其所以持有的可能動機、意向，與其未來所可能產生的效果與作用，如此，將人的一切良好表現，都視為人之求階級利益或求個人名利的工具手段，人與人之間變成了一互為利用，互為工具手段的利害關係，整個社會變成一慾望的系統，一片漆黑卑污的場所，此所以一些所謂的「內幕雜誌」專以揭發陰私之能事而竟能暢銷之故，此功利心習不除，則人便物化，而一往「只求一己之特殊性為價值」的平面滑落，只求以數量取勝，以奇異取勝，以銷路、效用、效率、成功、金錢來作為計算價值的原則，而人類原有的超越大願，原有的整個價值與意義則全然斷滅，如此，則社會將永無真正團結和諧的可能，

而此功利心習之消除，也非「法治」的能力所能及，此更說明了法治不只有其自身規定上的限制，更有作用上的限制。

今欲建立一真正團結和諧的社會，必須「本」、「標」兼治，才能畢其功於一役。治標之道，已如上述，治本之道，則在化除功利的心習，使人與人的關係，不只建立在理智算計之純事務的關係上，更要建立在敬愛之情意的關係上，如此，才能使人與人的精神及人格直接相互內在，心光交相輝映，如此，則諸如對種種人事的批評，才能持懷寬恕與悲憫的胸襟，而不致淪於惡意的謾罵與斥責。此化除功利心習的具體作為，並非將一切功利性的外在客觀事業一一廢除（其實，一切客觀事業都有其功利性，要廢除，只有將一切文明的產物消除而後可），而是將吾人的倫理道德精神貫注在其中，涵攝在其中，使人人能時時自我提撕，讓自己「良知的自覺性」站立起來，一切社會文化的活動，通過良知理性之自覺為合理者，然後再一一加以肯定與應許，此「反求諸己」的精神，須在倫理道德的教育中培養，因此倫理道德的教育，實是建立一永久團結和諧社會的唯一法寶。

倫理道德教育要落實，不只是認知，更要在日常生活之中去踐履，一舉手，一投足，無一不是道德的實踐內涵，無一不是施教的時機，也無一不是學習、反省的對象，所以道德倫理教育的責任，不只在你我身上，也在全民身上，家庭、學校、社會如能密切配合，則整個功利心習自可逐次消滅，而向團結和諧的境域邁進。

七、結　語

社會是無數個人生活表現的綜合體，個人與所屬的社會關係是一血肉不可分的關係，個人的前途、個人的命運、個人的價值、個人的無上尊嚴，全部都在此血肉不可分的關係裡，人人必須生活在這個關係裡，因而人人都有建立一個團結和諧的社會責任與承擔，而最便捷最實際的，就是站在自己當前的社會地位上，儘可能把自己份內所當作的事承擔起來，只要透過良心的自覺，確認此事是當作的、合理的，就可與一切人所當作而合理的事，縱合貫通，如此，我與一切人自會心靈照面，而趨於團結和諧。

當然，社會要達到全面而永久的團結和諧，是一漫長而無限的歷程，因為無論吾人如何努力，如何修養，如何改造環境，社會上總有一些永非人力所能及的事，在吾人氣質的困限下，也總會在不自覺中蘊存一些不合理的因素，但吾人也當自信：在人人的努力與相策互勵下，一切不能不承擔的不合理背後，應有一絕對合理的彼界，一切邁向團結和諧的無限努力過程中，不論大步或小步，走一步，就有一步價值，這正是吾人為促進社會團結和諧而努力的泉源與保証。

中華文化與現代社會

一、文化與社會

文化與社會密不可分。《易經》謂：「剛柔交錯，天文也；文明以止，人文也。觀乎天文，以察時變；觀乎人文，以化成天下。」（〈賁卦．象辭〉）此中所謂「天文」，即宇宙大自然中由陰陽二氣所交互作用成之多彩多姿的現象（剛柔交錯）；所謂「人文」，即吾人識取「天文」中所展現生命的靈動與風采，找出其間的理則，加以重組、運用，以饒益人生之所需的種種表現（文明以止）；而所謂「文化」，即「人文化成」的簡稱，將「人文」點化，使此世界具有意義與價值，即謂之「文化」。「觀乎人文，以化成天下」，即見社會乃依文化而蘊存了精神方向，而文化則藉社會以彰顯其內容與風采。

文化與社會既密不可分，則社會有了問題，即反映出了文化的問題，社會出現了弊端，即應檢視文化問題的癥結所在。尤其當今社會，處在傳統文化與西方文化的夾縫中，一方面承繼了過去遺留下來的習慣、思想與心態，一方面又受到了以科學實證的心態為中心，講求理性、方法、效率之西方文化的衝擊；此即一方面承繼了中國文化的「人」性，一方面又接受了西方文化的「理」性，兩者各有所長，也各有所偏。倘如只重「人」，則社會有質而無文，有情而無理，易淪於只重人際關係與個人面子，而不能運用「理」去追求普遍、客觀化的原則；倘如只重「理」，則將陷人為冷血、機械，失去道德價值的認同，為達目的，不擇手段。如何「允執厥中」，取精用宏，使中西文化交相輝映，以創造一現代（化）的社會，乃是當今值得吾人深思的課題。

二、儒學異質化後的傳統社會

論及「現代化」，一般人總容易視它為「時髦」的代名詞，這是一種錯誤的觀念，「時髦」只是泡沫的文化，一吹即散，旋生旋滅，是經不起考驗的；所謂「現代化」，不純是時間的問題，也不純是一種生活的方式，而是一具有價值、意義取向的性格。當今社會是傳統與西化的「混雜體」，而非「化合體」，所以有「表面西化，實裡傳統」或「表面傳統，實裡西化」的種種怪現象，吾人要以傳統的社會結構來對應西化社會的需求與問題，要以傳統的心態（如士大夫意識、威權主義等等）來對應西式的思想與制度（如民主、法治等等），必將衍生很多流弊，吾人生活既承接於傳統，又脫離不了西化，則當識取兩者之長，以去其短，此「取長去短」實是現代化的不二法門。

安和、悠閒、富人情味等等現象是傳統社會的優點，然而也有很多缺點及不合宜之處，此中最遭人詬病的，即歷代遺存的封建意識及喫人的禮教，所謂「封建意識」指的即是：在專制王朝長期統治下，由君（父）權至上的威權形態所宰制，而喪失了獨立思考能力所形成的一種意識；而禮教之所以喫人，也因於它遷就於封建意識，在不合理的社會制度中，逐漸失去原初制禮作樂的基本精神，而徒存一不具人性乃至違反人性的形式之故。

中華文化以儒家為主流，傳統社會在文化洗禮下所產生的種種積弊，便順理成章地歸罪到儒家身上，以為儒家之學即是保守、落後的元凶，其實，儒家講的是「人性的自覺」，人性是超越時空的，只要有人，即具人性，因此不論古今中外，儒家的思想永遠適合於社會，永遠足資取法，此所以吾人何以當提倡復興文化之故。然則何以會產生傳統社會的流弊？究其原因，乃由於儒學受到異質化的結果，這並非儒家本身所出的問題，蓋專制體制原本不是儒家的要求，孔子極力推崇堯舜禪讓的政治，把「天下為公」的大同境界，視為最最理想的社會形態（見《禮記·禮運篇》），足見正統的儒家並不主張專制，孔子雖也認同禹、湯、文、武、成王、周公「禮義以為紀」的政治，卻不滿於「天下為家，大人世及以為禮」的制度，只因當時未能把「天下為公，選賢與能」的理想轉化為一可資執行、落實的客觀制度，在無奈之餘，只好退而求其次，祈盼聖君賢相的永遠出現，所以對「三代之英」的政治局面，僅以「小康」許之（同上）。「天下為公」的政治理想未能轉出客觀的「民主」體制，這是儒家的缺憾，然而吾人不能因此便倒果為因，謂儒家讚同專制體制，更不能謂專制體制導源於儒家的精神。

由於儒家思想最具人性，最符合中庸之道，而為人所樂於接受，久之即由此普遍的接受，產生一崇拜的心理，隨之即將其思想形式化、神聖化，終而漸次成為人們所同遵共守的價值權威，儒學能普遍化為一同遵共守的價值，自是儒家所樂見，然而，凡是一件事淪於崇拜，淪於權威，便容易陷於盲從，盲從即無自覺，也已違逆儒家「人性自覺」的本質，這種盲從，正好予專制之主政者以利用的機會，從而講君權至上、父權至上、夫權至上，以鞏固其地位，由是而形成錮蔽的禮俗、禮教。儒家雖強調社會應維持長幼尊卑之序，但它更注重「正名」，主張「君君、臣臣、父父、子子」，足見儒家所重的是「相對以為」的人際關係，有分位之別，而無人格高下之分，「君賢臣忠，父慈子孝，兄友弟恭，夫義婦順」的人際和諧，全在各盡其分位所應盡的道德責任上，而不是要一方成為另一方之所奴，吾人如曲解儒家的原始精神，一切人際間的情感便成為一種負擔，父子夫婦的親情關係便陷於困境，人與人之間的和諧也便建立在相互妥協、委曲求全的心態上，而非建立在相尊互重之上，此所以謂禮教喫人。

傳統文化與社會形態的糾結千頭萬緒，十分複雜，非一時所得道盡，然而吾人舉其一二，即可概知其餘，要之，傳統社會不是真正儒家精神的社會，而是對儒家思想崇拜化、異質化之後的社會，儒家精神浸潤滋榮於社會中，卻摧抑於封建專制政治之下，扭曲於喪失思想力的知識分子之手，由是而衍生了許多問題，也由是而阻礙了社會的進步，因此吾人要講現代化，乃必須正本清源，找出傳統社會的問題癥結，從而還原為儒家的本色而後可。

三、西化社會的特質及其流弊

當前社會是傳統與西化的混合體，講現代化，除了要探討傳統社會的問題外，同時也要找出西化社會的弊害，去除兩病，即可掃除現代化的阻力。

西方文化的特色，在民主與科學。講民主，必然強調個體的自由與平等，此運用到政治上，可以法律保障人權，使人人都有對等的參政機會，沒有特權，也沒有所謂奴役，一掃過去「君權專政」下之官僚、威權的心習，走向一自由開放的多元社會，此使「天下為公」的民本思想得以充分客觀化、制度化，正符合儒家精神的要求，且是「夢寐以求」而「求之不可得的」。然而這種思想也同時造成了個體自我的膨脹，在政壇上，為爭取勝選，竟不惜醜化對方，偽裝自己，與金錢、暴力掛鉤；在社會中，個人也表現得倨傲不遜，心裡沒有人倫中長幼之序的觀念，也不知敬老尊賢，於是子女向父母求平等，學生向老師爭民主，個體性凸顯，群體性即相對消泯，人與人之間便成為一機械的組合，沒有情感的交流，人倫蕩然，生活陷於冷酷、孤寞。

而科學的發達，促進了工商業的進步；經濟的繁榮，提昇了人之物質生活的水準，這也符合儒家「開物成務」、「利用厚生」、「備物致用，立成器以為天下利」的外王要求，然而也同時誘引人提高物質的慾望，由基本生活的需求進而求虛榮心的滿足，奢侈、浪費的俗尚因以形成，人竟日汲汲營營於謀利，只專注於眼前的現實，沒有理想的人生目標，又忽略了家庭生活與子女的教養，致而容易產生家庭的破裂與問題的青少年。

人太現實，太功利，彼此間隨時都會因利害關係而衝突（如勞資糾紛），再好的親朋好友，也可能因而反目成仇。私慾愈多，賭博等投機心愈強，人人好逸惡勞，貪圖享受，為達目的，不擇手段，故而詐欺、偷盜、勒索、殺人等等犯罪行為層出不窮，人人自危，社會不安，人際間也因此逐漸喪失了信任感。

由工業所帶來的污染，也損害了居民生活環境的品質，隨之造成了甚多環保的抗爭。而工商業所引生的犬馬聲色，太人工化、庸俗化（如三溫暖、馬殺雞），人的休閒活動，也多止於「噱頭化的精神文明」，並未真能陶冶人心，淨化人性，獲得充分心靈的饗宴。

總之，西化社會所呈顯的，雖減少了若干傳統的積弊，卻也隨之使人心物化，生活逐漸失去了精神內涵。

四、中華文化的鮮活性與剛健性

上述儒家異質化後的傳統社會與西化社會之所以弊病叢生，癥結在於或守常而不知變，或知變而不守常，這種不能調和「常」與「變」，正是社會步入現代化的阻力，消泯此阻力，最有效的方法，即在復興以儒家為主流之「守經達變」的中華文化。現代化是一價值、意義的取向，而吾人所求的現代社會，即是一在現實生活中能時時凸顯人之精神價值與莊嚴的社會，具有「仁智雙修」、「因革損益」、「據理造勢」之鮮活、剛健性格的儒家，正足以擔當此大任。

儒家所講的「仁」，即人人所具有的道德良心，人之普遍的生活原理，亦即是人類的常理常道（孔子講「仁」，孟子講「義」，《中庸》《易傳》講「天道性命」，及宋儒程明道講「天理」，明儒王陽明講「良知」等等，都是對全人類乃至全宇宙而發的，所以是一具有普遍性與永恆性的常理常道，茲僅舉「仁」以概其餘），只要有人，即應依於「仁」來完成其人格，成就人倫之道，依仁「不安、不忍、不容已」之情，來要求成己，進而通出去，以成就天下的民、物，使世間萬民與天地萬物都能各得其所，各遂其生。儒家既以人之「心同理同」為基礎，自能永遠與時代、社會同其脈動，因此其精神血脈永遠是鮮活的。仁是人的常理常道，永不可變，但表現理、表現道的方式，則必須因時制宜，隨客觀的情境而調整，《中庸》謂：「君子之中庸也，君子而時中。」此時中的「中」，即不變的常道，而時中的「時」，即應變的原則，所以儒家「時中」之道，不是一僵化黏滯的死教條，也不是隨意搖擺的不確定原則，而是一「物來順應」，又萬變不離其宗的大道，此即一方面可以定原則、方向，一方面又能盡其變化之大用，所以「有變有常，萬古常新」。

此知所應變即是「智」，有智乃能周遍及物，明覺朗照，而知人明理，懂得依客觀的情境，做適切的「因革損益」，該承繼的，理當因襲下來，多餘的自應酌予減損，不足的則隨時增益，一切都能通過理性的反省而成就其「批判的承繼」，也都能返本溯源而有所承續其「發展的創造」，如是「日新又新」，自可掃傳統的積澱，去西化的流弊，而取其精華，開創一「時中」的現代社會。

儒家有此「攝智歸仁，以仁養智」之「時中」的鮮活性格，自必能「見義勇為」，以理造勢；能對價值理想嚮往，必可鼓起道德勇氣，而生發一沛然而莫之能禦的真實力量；所以明知勢之不可為，仍堅信理之所當為，而精誠貫徹之，順理逆勢，百折不回，乃可消除「無理、無力、無體」之軟罷的社會心習，轉化其唯利是趨的俗尚，而共赴於道，開啟新機；有此積極剛健的性格，吾人對創造現代社會，才會有一踐履的勇氣與力量。

五、以中華文化起衰剔弊，創造現代化社會

中華文化是實踐之學，而不是理論之學，它講「正德」，同時也講「利用、厚生」，講「內聖」，同時也講「外王」，此即：人不只要內在地自我提撕道德精神，更要將此精神發為成就客觀的事業。內在是理，外在是事，理有其普遍性與絕對性，事則有其差別性與相對性，以普遍、絕對之理，落實到差別、相對的事上，此中必有種種的曲折、限制與變化，因此凡事都要因時因地而制宜，如是，理才能從事上顯，而事也能表現得合宜。

當今社會一方面承繼儒學異質化後的傳統，一方面擷取重功利、重物質現實的西方文明，二者混合而成的弊病要消除，須由發揚中華文化入手，始能畢其功於一役，蓋吾國文化所具有的鮮活性，一方面必反對傳統的守殘抱缺，反對西化的自我否定，一方面也必能善用傳統的資源，掃除其所衍生的弊端，而將儒學的理想精神再闡釋、再出發，從而賦予現代的意義；而我文化之剛健性，必能努力作自我的擴大，吸納現代一些更合理的方式，而勇於對傳統進行解構與改組，此即：一方面要大膽地創新，一方面更須有所傳承，對時潮不盲目接受，而能予以批判，擇所當擇，如是，必能「月印萬川」（朱熹語），依「理一分殊」之旨，使社會各層面展現一生意盎然的現代化品貌。茲略舉個人、家庭、政治、教育、經濟、宗教諸端以明之：

（一）培養恢弘的器識，造就一具有理想性的現代化個人

「萬般皆下品，唯有讀書高。」傳統的「士大夫」心習，其弊病在忽略各行各業的價值，而將求功名利祿視為人生唯一的目標。讀書的用意，只在求做官，這種心量顯然偏狹，也偏離原始儒家的精神，曾子曰：「士不可以不弘毅，任重而道遠。仁以為己任，不亦重乎？死而後已，不亦遠乎？」（《論語·泰伯》）士的精神在於「任重道遠」，把內在的「仁」發揮為一造就整個社會的力量，借從政來匯整各方之力，以成就大事而已（子夏曰：「仕而優則學，學而優則仕。」《論語·子張》其義即在此），當然，從政不必須做官，孔子曰：「……施於有政，是亦為政，奚其為為政？」（《論語·為政》）政治是眾人的

事，一切與眾人福祉有關的事，從廣義來說，即都是一種政，只要在分位上盡己之所能去從事，即是從政，此與當今「行行出狀元，職業無貴賤」的理念若合符節。吾人雖不應輕視各行各業，然而也不應荒忽「讀書」，書是智慧的結晶，是知識的寶庫，它可以增進吾人的學術，陶冶吾人的性情與品格，使吾人培養出書香的氣息，豈可因反對傳統而同時也否定「讀書」之高？

同理，吾人固當掃除唯功名是重的「士大夫」心習，卻不應反對「士」的志節，人人以「士」自居，任重道遠，有恢弘的器識，與希賢希聖的大志，吾人才能超越現實、功利的蔀障，而不致過渾噩的生活，人生有高尚的目標與理想，生活才過得充實，生命也才能顯發其樸真與光芒，人人不迷失於現實，不失落於自我，這才是一真實的現代人生。

(二) 發揚「絜矩之道」，開創一現代化的和樂家庭

在今日講求凸顯自我，爭取人權的社會裡，傳統「父為子綱，夫為婦綱」的意識形態，已與之格格不入，致而造成代溝嚴重、離婚率高及老人落寞等等家庭的不幸，補濟之方，即當本《大學》所講的「絜矩之道」來對治，以使天倫中的關係，上下左右前後「相通而不相礙，相關聯而不相牽制。」儒家講「父慈子孝」，子女要講孝，父母也同時要講慈，彼此各自盡其天倫所當盡的道德義務，因而沒有特權，也無所謂奴役，此正符當今多元並列的社會形態。父母要慈愛，則「愛之，能勿勞乎？」（《論語·憲問》）所以不能過度關切子女，以免愛心變質，淪於干涉，應多給子女一些自我發揮的空間，以鍛鍊他們獨立自主的能力，

使他們的人格得以健全的成長，這才是真慈愛。彼此相濡相潤，相互尊重，如是，代溝、落寞即無由而生。

至於夫婦，乃人倫的大始，因此離婚不是雙方關係的更易，而是兩造人倫的改變，這是人生的大不幸。《中庸》謂：「君子之道，造端乎夫婦。」儒家所講的是「夫婦之道」，而不是「夫婦關係」，夫婦之道即是天道，天道有常，所以它也代表了人的倫常，常即不變。儒家講天道，主張乾坤並建，天地交泰，陰陽調和。男表乾道，女表陰道，男女締結為夫婦，即「乾坤定矣」，因此雙方應白頭偕老，天長地久。婚姻的真正目的，即在「化男女為夫婦，化愛情為恩情。」所謂恩情，即「情」與「義」的融合，沒有「義」（「義」即涵有倫理的意義）來貞定「情」，則愛情必外逐而浮動，所以婚姻應以「恩情」來貞定「愛情」。又：婚姻的基礎在「人」而不在「法」，「法」只能在婚姻破裂後作一些消極而無奈的彌補（如子女之監護權及贍養費問題的解決等），而「人」也只有本儒家「絜矩」的精神，彼此對等相待，才會化解仳離的危機，《說文》謂：「妻者，齊也。」夫婦平等，相敬如賓，婚姻生活美滿，自能開創一現代化的和樂家庭。

(三) 光大「禮讓」精神，建立一現代化的民主政治

民主與法治，是當今政治社會的特色。民主要不流於「泛自由」的民主，須以法律規範之，「徒善不足以為政，徒法不足以自行。」法律要不徒具文，有效地為人所遵守，則要靠全民守法的品德，要之，民主法治要落實，即要人人有民主的素養。

所謂民主素養，一言以蔽之，即儒家所講的「禮讓」精神。民主的遊戲規則是：「少數服從多數，多數尊重少數。」在意見分歧，無法整合之際，必須付諸表決，當多數「量」讚成，則持相反看法的少數，即或其見解優於表決的結果（質），也願容忍之，而放棄其堅持，此合理的「質」容忍不合理的「量」，即是一「禮讓」的精神；而多數的一方也應予少數的一方以充分表達的機會，肯定、認同其意見或有參考的價值，可資集思廣益，而願專注聆聽，這種不論少數一方的意見是否終被接納，而願尊重其看法，容忍其表達，也是一「禮讓」的精神表現。

至於法治，更須本之以禮，乃能落實，所以儒家主張「以禮為綱，以法為用。」「禮者，禁於將然之前，而法者，禁於已然之後。」（《大戴禮記·禮察》）禮與法雖有截然不同的性格，然而它們都是禁民為非的工具，因此法也可謂禮的客觀化；今日社會人事複雜，法的製訂，未必周延，也或有不盡合宜者，人人倘有「禮讓」的精神，則對不合宜的法，一方面必和平理性地繼續爭取改進，一方面在未取得改進之前，仍然必須守法，容忍其不合宜的暫時存在，人人尊重法律，「法」才能維持它的莊嚴性，而有效執行其規範的任務。

政治的目的，原即在「選賢與能」，使賢者在位，能者在職，以造福人群，所以參選者尤當要有禮讓的修養，知所禮讓，也正展現了「賢」者的風範，昔孔子美堯舜，即因彼等有「禪讓」之最最理想的政治風範。政治是一複雜、艱鉅的工程，所以從政者須有從政的高超智慧，知禮讓，才能凸顯他有「自知」之明，也才能凸顯他有「功成不必在我」的雅量，吾人能光大此精神，作君子之爭，則一切不服自己落選，不服未獲提名，不服表決結果而強行抗爭到底的民主病態，即可消泯於無形，「能以禮讓為國乎！何有？不能以禮讓為國，如禮何？」（《論語．里仁》）人人具有「禮讓」的民主素養，吾人才真能建立一個現代化的民主政治。

（四）重視性情陶冶，實施現代化的人文教育

在傳統的「士大夫」意識及西化之功利主義的催化下，當今教育的特色，成了重「學歷」不重「學養」，重「知」育不重「德」育，只一味求教育的「量」，而忽略教育的「質」，長此以往，必使人物化而不成為「人」。為今之計，即當正本清源，不可再捨本逐末，教育重點之改革，不應擺在如何改進聯考方式及調整課程名稱等等的枝節上，而應特重如何落實「興於詩，立於禮，成於樂」的性情陶冶上，如此，乃能補濟其短，使學生得以打開心靈之門，主動自發地求真、求善、求美，自覺自律地成長、提昇、發展，以透顯生命的樸真，如是，才能「惻然有所覺，揭然有所存。」（諸葛亮語）學生心不痲木，志不昏昧，有器識，有大智，才能自由自立地以其才識為群體服務、奉獻，並擔負起歷史文化的責任，而真成為國家社會的柱石。

而教師尤當求師道與聖道的合一，自我惕厲、反省，教師能彰顯師道的莊嚴，才不致為現實、功利所蔽，也才能化格學生，而互勉於道，師生心光交映，在校園裡有生命與生命的照面，有心靈與心靈的會通，人文教育才算落實，從現實中超拔於現實，從功利中突破於功利，而展現人的精神與價值，這種人文教育才稱得上是現代化的教育。

（五）提振「敬業」美德，拓展一義利雙成的現代化經濟

科技的進步，帶來了工商業的發達及經濟的繁榮，經濟以「利」為導向，人之求利，原本是一自然的慾望，孔子曾說：「富與貴，是人之所欲也；不以其道得之，不處也。」（《論語・里仁》）又說：「富而可求也，雖執鞭之士，吾亦為之。」（《論語・述而》）即見孔子也認同求利，只是反對不合道不合義的利（孔子謂：「不義而富且貴，於我如浮雲。」即蘊此義）。利與義原不必相衝突，每一行業都在求利，但其自身也同時在服務社會，造福人群，各企業既蘊有「造福人群」之義，則吾人只要「敬業」，即可義利兼顧。諸如：吾人不仿冒，不偷工減料，踏踏實實，真誠不妄，既可獲取合理的利潤，又可維護個人的信譽；吾人本「天人合德」、「民胞物與」的精神，做好環保，不污染、傷害環境，則可免遭處罰，免於居民抗爭，公司業務自可順利運作；吾人本企業倫理化，管理人性化，勞方資本化，資方社會化，處處為員工的福利著想，必可使勞資一體，彼此尊重，有福共享，有難同當，整個團體在「太和」的氛圍中，上上下下勤勞、敬業、互信、和諧、合作，自可使企業蒸蒸日上，鴻圖大展；他如赴海外、大陸投資，也須配合政府的經濟政策，以免為求己利而傷害到國家整體的未來，凡此都能抱持「敬業」的精神來經營，自能拓展一義利雙成的現代化經濟。

（六）識取「敬而遠之」的真義，匡正不合宜的宗教陋俗

宗教是人文的「價值世界」、「意義世界」，人有宗教信仰，即表示了人的心靈能跨出現實的藩籬，而對人生有一終極的關懷；宗教可安頓人生，使人心免於物化，精神有所寄託，所以它是現實生活中不可或缺者。

宗教離不開鬼神，孔子謂：「敬鬼神而遠之，可謂知矣。」（《論語·雍也》）吾人之敬鬼神，原只在敬鬼神之德，借以感通祂的情義，以取法、增益吾人道德的涵養，並非祈求鬼神的助力，以圖成私利的順遂，向鬼神索求，即視鬼神為謀利的工具，這便淪於大不敬，所以當「敬而遠之」，這種亦即亦離的敬神態度，是儒家對宗教的一大智慧，有此智慧，才不致處處祈神問卜（如求六合彩的名牌等），陷於迷信，而鬆懈自己的鬥志，倒懸人道於神道，也不致讓不肖神棍有可乘之機，借神歛財騙色。

吾人能知敬鬼神的真義，則膜拜、祭祀的禮文，必能隆重而不鋪張，莊嚴而不荒誕，迎神賽會、葬殯行列便不會有脫衣女孃歌唱等之類的不雅場面出現，「禮，與其奢也，寧儉；喪，與其易也，寧戚。」（《論語，八佾》）宗教的禮文，原也只是為了裝點吾人的內在真誠，而不是遮撥吾人樸素的本來面目，識此，則世間一切不合宜的祭禮習尚，都將匡正於無形。

宗教能端正人心，昇舉人的精神，所以不論所「宗」為何，只要能「教」人行善，饒益人的道德涵養，而生發一超越的情懷與力量，都值得敬重，吾人倘能一本「泯所歸能」的態度去面對宗教，便可「和而不同」，使各宗派相容而不相礙，如是，我們面對西化，才不致有宗教衝突的危機。

社會是群體生活的表現場所，人的生活多彩多姿，因而社會的表現也複雜而多面，上述略舉犖犖諸端，足証發揚我文化精神，可使異化的傳統社會回歸其本質，也可使西化的社會流弊，獲得充分的補濟，要之，中華文化可起衰剔弊，創造一有價值的現代社會。

六、餘語

中華文化是一「人學」的文化，一「實踐」的文化。講「人學」，即是講人的「同心同理」，講人的「常理常道」，講人的生命的原則、方向及其發展的途徑，這是文化意識與人文教養的問題，屬虛層面；講「實踐」，則必須落實到客觀的事境上以踐履之，這是現實的問題，屬實層面，實層面有其實用性的知識，及處理實務的專門技術，這當然須仰仗各專家、學者來擔任，然而各擔任實務的工作者，也須對虛層面的原則、方向產生「共識」，才能相通而不相隔，相益而不相妨，彼此有一共顯人之價值的文化總方向，才能分工合作，以達其成。

「實踐」之學乃必須依人內在之「實」（即人的道德理性）而後能「踐」之，能依於內在之「實」，則吾人自可自我作主，有所選擇，而不致盲目承繼過去的流弊，也不致重蹈西化的錯誤，懂得配合客觀的情境與需求，而存菁去蕪，必可助益吾人加速社會現代化。

當今社會是一多元而複雜的社會，人們在現實功利中渾噩生活，已漸失去道德理性的自覺，「民可，使由之；不可，使知之。」（《論語·泰伯》）民可行道，則使其踐履之，民不可行道，則也當使民知「道」之當然，使知之正所以助其「由」之也。唯人人知「道」，找回「放心」，社會各層面才能異地同心，分工合作，身體力行，以共同醞釀出一種「理」勢，如是，我們才能在當今的「逆勢」中，据理而開創一現代化的社會。

歷史文化與國家統一

一、歷史與文化

「統一」是國家的大事，關係著歷史，也關係著文化。而文化是歷史的精神實體，歷史則是文化的表現場所。

任何文化，都離不開「事」與「理」。「事」是文化之外在客觀化的內容，屬現實的性質；「理」是文化內在的本質，是文化的「動原」，屬空靈的性質。任何文化的活動，不能只有「事」而沒有「理」，也不能只有「理」而沒有「事」，「事」既屬現實的性質，屬經驗的產物，則自當隨著時代的需要作適切的調整與變動，而「理」是定然的，超越的，它是人道的根本，既無所謂調整，也無所謂變動，吾人之論文化，於此可變之「事」與不可變之「理」的分際，當知簡別。

大陸學者金觀濤先生在其《興盛與危機—論中國封建社會的超穩定結構》一書中指出：中國古代社會結構保持了兩千年左右的巨大穩定性，不是由一個王朝不變地靜態延續下來，而是通過周期性的社會震盪，經歷了一次又一次的改朝換代而動態地保持下去，其變動或不變動的原因，繫於社會的經濟、政治、文化三個結構，三者之間相互適應，實現了功能耦合，即能形成某種穩定，否則，即生變動、震盪。其觀點精闢獨到，諸多可採，然而將經濟與政治獨立於文化之外，而與文化並立為三，似有待商榷：所謂文化，乃一切人文價值表現的總和，政治與經濟只是文化中的兩件「事」，如何可外在於文化而獨立？政治與經濟既當涵攝於文化之「事」中，則金氏之論社會結構之穩定不穩定所呈顯的歷史流程問題，其根本處，實即文化的問題。文化的「理」主導著文化的「事」，政治、經濟等文化的「事」之所以要求實現其功能耦合，即因於其背後之文化的「理」之求有一恰適的表現所致；而人不是神，人雖具有道德的理性，但也同時具有氣質的障蔽與困限，所以人之行事的表現必然有時會向善，有時會向惡，有時會向上，有時會向下，有時會向正面，有時會向反面而趨，然終必向文化的「理」回歸，這種向文化之「理」的路向回歸之時上時下時正時反的流程，即構成一曲折的歷史，歷史之所以具有意義，即在於它能估定時代往文化理路之正面抑或負面而趨的方向，從而提供、指引後人走往一較正確的方向，步向較理想的未來。黑格爾謂：「凡存在即合理。」人類在歷史演進中所顯現盛世、治世等等正面的事，當然合理；其所顯現衰世、亂世等等負面的事，其自身當然不合理，其所以謂合理，只是曲線地、間接地說，而且說它合理，也只是估定它的負面價值，所謂負面價值，乃刻就其對未來「正面」的關係言，亦即它能顯其自身的無價值，使後人鑑往知來，免於重蹈覆轍，微引吾人捨棄之，從而往另一正面方向而趨而具價值，說它具負面的價值，其中實含著無限的歷史悲痛，這是人類的可憐，有誰願意墮落呢？ 中山先生本著人的精神實體，本著由仁義而抒發之理想的道德心，推覆了專制，建立了民國，使中國的歷史向正而趨，向上揚起，奈何統一不到四十年，又造成海峽兩岸的分裂，絕大多數的中國人陷於痛苦的鐵幕中，過著比專制更專制的生活，這是歷史的悲劇，也是中國人的可憐。歷史是人的「事」，「事」依於文化之「理」而表現，因而吾人要縫合歷史的傷口，求中國的統一，乃必須從根本處去尋找問題，從文化之「理」中去燭照公是公非，人人有真正是非的共識，然後才能共同捨非就是，立場一致，才易促進國家的統一。

二、民國創立的意義及中國之所以有今日分裂局面的歷史文化背景

中國文化的「理」，根源於人的精神生命，所以文化的終極關懷問題，即是「如何使人的精神生命獲得充分通暢、伸展」的問題，亦即是如何成德的問題，而成德，不單指個人的修身，更必須擴充到齊家、治國、平天下，此即成己必須兼以成物，然後「成己」才算完足，所謂「內聖外王」，所謂「正德、利用、厚生」；而治國平天下的目的，乃是要創造一「王道的社會」，一「開放的社會」，開創一如《禮記．禮運篇》所說的「大道之行也，天

下為公，選賢與能，講信修睦。故人不獨親其親，不獨子其子；使老有所終，壯有所用，幼有所長，矜寡孤獨廢疾者皆有所養。男有分、女有歸。貨惡其棄於地也，不必藏於己，力惡其不出於身也，不必為己。是故謀閉而不興，盜竊亂賊而不作，故外戶而不閉。是謂大同」的境界，這種境界不只社會開放，政治、經濟也同時開放，無奈兩千多年來，在「家天下」的君主專政體制下，吾人一直在「內聖」方面下工夫，一直沒有建立起一理性的客觀架構，而使「內聖」的理性作用，有效地轉為「外王」之客觀事業的實現；洎至 中山先生本乎我文化的根源，兼擷歐美之所長、創建三民主義，以為立國建國的藍本，才真使兩千年來的「內聖」，有效地落實到「外王」的實踐。其民生主義中的平均地權、節制資本，民權主義中的重視基本民權，及民族主義中之提倡孔子的天下為公、王道政治、忠孝仁愛信義和平等等民族精神（其只以基督教為個人的內心信仰、而不取法洪秀全之以它作為政治上的指導原則，實深具遠識），一方面以「民主」、「科學」（民主、科學皆為中華文化「外王」事業之所必求）來促進「外王」的落實，一方面又堅持「內聖」的道德修養（倫理），將社會、政治、經濟等等問題的解決，畢其功於一役，使人的精神生命得以暢通、伸展，正是兩千年來中國人之久囤內心的期望之所寄，所以能於短短期間內，一呼四應，普獲人民的回響，而推覆了統治二百六十八年的大清帝國，因而民國的成立，實深具文化建國的意義。

然而民國成立以來，即遭到袁世凱稱帝、張勳復辟、十餘年的軍閥割據、八年的對日抗戰等等一連串的內憂外患，國民黨為謀國家的安定與統一，原本於軍政之後，實施訓政，圖藉此以逐步達到民主憲政的理想，然而於此實際行動中，國民黨在主觀上不願輕易放棄政權，廿年訓政之以黨治國的偏執，無形中產生「黨」在「國」上（所謂黨國）的觀念，致使社會政治的思想，始終未能真正建立健全的國家觀念、國家意識。抗戰期間，一面抗日，一面建國，本可處處以國家為第一義，以凝合民族的意識，然而此時仍藉人民心理的嚮往政府，更抓權不放；同時也未重視民生主義的實現問題，縱容資本家及買辦階級，甚至縱容其內部所產生的所謂豪門資本，這種未搶先認識人民的重要，人民經濟問題的重要，未與各黨各派之求民主自由的要求予以適當安頓，亦即未能及時實行民主主義、社會主義，致讓以民主與社會主義之經濟改革為號召的共黨予以可趁之機，加上國民政府元氣大傷於八年抗戰，吏治貪污，而中共反於斯時大力標榜抗日的民族統一陣線，以吸收有民族意識的青年來歸附，運用自由民主的思想，聯合各所謂的自由民主人士，以瓦解國民政府統一的政權，並製造農村的階級鬥爭，以爭取廣大農民為基礎等等技倆的配合，致而獲得絕對性的勝利，終至大陸淪陷，國民政府遷台，演成今日分裂的局面。

綜上所述，可知國民政府過去在大陸的失敗，不是由於立國建國理想的缺乏，而在於執行上的偏差，執行一偏差，即顯不出文化的精神，故而失卻民心，而中共則是善用中國文化的潛力，善於運用民心，以支持其力量的成長。

實則，中共所持的共產主義，本非中國文化所固有的產物，其所以能在中國蔓延而為國人所接受，仍有其另一「撿到便宜」之文化背景的：原來在中國傳統的文化思想中，自來即不使商業地位高出整個社會政治文化之上，故而對西方的資本主義，在先天上即有一厭惡感，而十九世紀以來，中國即面對西方的資本主義與帝國主義的侵略與壓迫，中國無法抵禦，節節敗退，在大家失去民族自信心，而一時又苦無對策之下，才試圖「以夷制夷」，藉用馬列主義，作變態的宣洩工具，馬列主義源自西方，然又具有一反西方之帝國主義與資本主義的侵略性質，這正符合百年來中國人既崇拜西方，又厭惡西方的矛盾心理情結，由是知夫當時國人之接受馬列主義，只是視它為一「對付西方資本主義之侵略」的工具，要之，當時國人接受它的精神力量，只是中華民族及其文化要自己站起來，而原本不是馬列主義精神之自身的引誘。

三、當前兩岸的文化省思

四、五十年來，台海兩岸的分裂，實是中國人的不幸，然而這不幸中亦有其幸者在，即：兩岸在不同的體制及所持之不同文化意識下的人文表現，在此長期對峙中，已分別呈顯出它們的正面或負面的價值，從此正負兩面價值的省思中，可使吾人鑑往知來，而更能正確地找到今後統一所應走的文化路向。

中共佔據大陸後，至今仍固守馬列教條，堅持其所謂的「四大原則」，晚近雖有農業、工業、國防、科技等四個「現代化」的開放，然而政治依舊不能現代化，其所謂「開放」，也只是掩人耳目的舉措而已。觀夫其四個「現代化」，本質上只是科技性的，尚達不到制度的層面，此即：只是統治工具現代化與作戰武器現代化。經濟要現代化，必然要承認自由經濟，承認財產私有；政治要現代化，也必然要逼出高程度的民主憲政型態，這些都足以瓦解共產主義的統治根本，其只知利用現代的科技緊抓政權，而不知就整體國家建設的大勢去體識：政治如不現代化，則其他方面的現代化都將落空，而經濟、政治之朝現代化乃是中國文化本質上必然的要求，是以只要共產主義當道一日，中國文化的發揚即受阻一日，大陸人民的冤屈、痛苦須多承受一日。

且也其欲堅持以馬列主義的專政思想，為中國文化政治的最高指導原則，實也有本質上的困難，蓋：㈠其只承認人的階級性，而否定普遍的人性，否定一切建立在普遍人性基礎之上的宗教、哲學、文學、藝術、道德等價值，不只違悖了植根於心性、植根於道德理性之自覺的中國文化精神，更違悖了世界一切高級文化的共同原則。㈡其所持的階級社會觀點，與中國之以倫理為本位的社會結構根本相異，中國以倫理為本位的社會強調「民胞物與」的仁愛精神，強調自覺自反的工夫，強調人有賢不肖的人品差別，而自覺其自身也可能為小人，而反躬自求於進德，豈若馬列主義之只承認人有經濟上的階級之別，政治上見解之別，而不知自反自求，只看見對方的不是，而相互無情地予以批評清算，鬥得你死我活。㈢中國文化的歷史發展，必然要使人人成為一道德主體、政治主體、認識主體及實用技術主體，故而有政治、經濟、宗教、思想、學術、生活等等的自由，豈容馬列主義下之只逼迫人人成為教條束縛下之「唯命是從」的奴隸？㈣馬列主義最初想建立一經濟均等的社會，原出於人良知上同有經濟生活平等的要求，然而此論乃當是一「藏富於民」、「藏天下於天下」的經濟型態，而非弄得全民一窮二白，將天下一切財富都收歸己（黨）有之「藏天下於筐篋」（黃梨洲語，《明夷待訪錄．原法篇》）的型態，將百姓統統一刀削平，都變成其奴隸之所謂「平等」的型態。……總之，馬列主義處處不合於人性，處處違逆於中國文化的精神，其在歷史的流程中所凸顯的全是負面價值；四、五十年來，其固守魔道，倒行逆施的結果，使整個大陸生靈塗炭，民心向背，歷年來接二連三的起義投奔，乃至六四天安門之大規模的政治民主訴求，在在証明了中華民族在排斥它，中國文化的精神不容於它。

回觀四、五十年來的台灣，政府一秉三民主義的立國建國精神，勵精圖治，先是在政治上還政於民，實施耕者有其田等等經濟改革政策，引入西方的先進科技，使經濟快速成長，藏富於民，成為亞洲四小龍之一，尤其這些年來，在時機成熟下，又解除黨禁、報禁，加速了政治現代化的步調，此政治開放、社會開放、經濟開放的「台灣經驗」，凸顯了中國歷史的正面價值，而與大陸之專制、封閉、保守的性格，恰成一強烈的對比。然而在此同時，也有一隱憂者在，即：在求經濟開放、政治開放、社會開放之同時，吾人疏忽了倫理道德的相對提升，政治（議會）倫理、經濟（環境、工作）倫理、社會倫理日益淪喪，致使政治抗爭日益激烈，國會咻嚷無以終日，街頭暴力此起彼落，環保勞工的自力救濟事件層出不窮，社會各種投機風氣日熾，治安急遽惡化，……凡此由「貪、暴、懶」所造成的混亂與失序的結果，都將腐蝕人心，成為革新進步的阻力，國家統一的障礙，而將我們的歷史帶入另一負面的流程，堪為吾人戒惕。

四、統一大業與中華文化精神的整合力量

吾人從民國之成立、中國之分裂的歷史文化背景，至今日海峽兩岸的現況比較，不憚其煩地作如上的論述，旨在說明：中國人的歷史，一直是在自覺或不自覺中依藉著中華文化的「理」，在不斷地追求「理想」的嘗試錯誤中寫出來的，文化的「理」既引領著我們的歷史向路，則中國之求統一的問題，便不僅僅是版圖之歸為一體、分離家庭之再團圓、政黨間之「合作」執政等等「現實」之求獲得解決的問題，而是如何使中國成為一真正「現代化」的國家，如何使每一個中國人都能在中華文化的精神薰陶下，共同生活於一肯定人格價值與莊嚴之「理想」境中的問題，亦即：統一大業，不僅僅是求「現實」問題的獲得解決，而當更求「理想」問題的獲得解決，「理想」問題即是文化的精神問題，因而文化實是促進統一大業的必要條件。

中國文化的精神在理性的自覺、價值的自覺， 中山先生在其遺囑中特別強調要「喚起民眾」，義即在要求全民都要有理性的自覺、價值的自覺，中國要統一，光靠社會上層之政治人物一兩人的自覺是不夠的，必須全民都自覺，才能成功。近百年來，中國人雖不斷尋求

其自己站立的道路，尋求民族自救之道，推陳出新地學習其他民族立國建國的方式，且不斷改變，以求自強，然而由於未能普遍有理性的自覺、價值的自覺，致而都未能成功；倘如一切的改革，只是被動的反應，而無主動的自覺，則發揮不出真實、澎湃的文化力量。五四運動、國民黨之多年的革命運動，是對清廷與帝國主義的反感，共黨是對英美與國民黨的反感，凡是只從反感出發的思想，都非主動而為被動的，都無文化的積極、正面力量，隨刺激而來，也將隨刺激之去而去，隨所反者之存在而有力以反之，也將隨所反者之不存在而自消其力，而終歸於被否定，中共當年既因反感於國民黨的錯誤而有力量，則當兩岸分隔，各自為政，而國民黨改過上進之後，它便顯得無力。

只有本乎理性的自覺、價值的自覺，本乎中國文化的精神，才真能生發「沛然而莫之能禦」的力量。當年中共假借中國文化精神之重勞動、美井田、均田，而大力推行所謂的土地改革與重工農勞動，然而中國文化精神之言井田均田，其用意都只是富而後教，行之本於仁心，而歸於使人人都得舒展其向上之心，使人人都得於禮樂文化中生活，所以倡導勞動，也只是視勞動為人生之一藝術，其義即在借之以使人人盡心顯性，以成就、完滿禮樂文化的生活，此與馬列主義之純以勞動為生產的手段，假均田來奴隸農奴的作為，貌相似而實不是；它藉用中國文化精神中之求「天下一家」，而大力提倡所謂的「世界主義」，然而中國文化中之求天下一家，乃本於仁心之流行必及於天下世界，不能只自限於家族親朋，而仁心的流行，必由近而遠，所以家庭不可廢，而國家乃歷史文化之所托命，祖宗心血之所凝注，人情的充量，不能只求國家橫展為世界，而無縱通於其歷史文化，因此求天下一家，必先求立自己的國家，此又與中共當年之一面倒向蘇俄，而以赤化世界，叫全世界都成為其奴隸之所謂的「世界主義」，貌相似而實不是；……凡此種種「似是」，都是過去中共獲得民心之處，也是其力量之所來自，然而由於它的「實不是」，當人民覺醒之時，正是它被否定被瓦解之日，識此，便知何以中共要對人民加強思想改造，政治洗腦了。

「河殤」的大陸製作群在片尾以極其感性的筆調說：「黃河命定要穿過黃土高原，黃河最終要匯入蔚藍色的大海。」其義即：中國文化業已衰落，必須要迎向海洋文明，取法人家的民主科學，才能重新展現生機。誠然，取法歐美民主科學之長，可以成就中國文化的「事」，豐富中國文化的內容，然而如不時時把握文化的「理」——理性的自覺、價值的自覺，全然忘掉自己，盲目「隨人腳跟，學人言語」，也將引生諸多禍害，今日所謂「台灣的經驗」，得了經濟的繁榮，政治的民主，卻失之社會的脫序，道德的淪喪，即是一赤裸裸的例証；所以如說中國文化已衰落，那只是客觀之文化內容表現的不足，「事」的衰落，而不是文化之「理」的衰落，中國文化的「理」永不衰落，只要人類一日存在，它即不衰落，「有理走遍天下」，人同此心，心同此理，只要人人有理性的自覺，價值的自覺，就可心光交映，會通真理，所以中國文化的「理」，正是促成國家統一的「動原」。

唯人人有理性的自覺、價值的自覺，便知當行孝，孝的精神在於「報本返始」，吾人對生我養我的父母、祖宗知恩知報，對長我育我的中國文物、中國土地有情，而愛慕，而思

「落葉歸根」……凡此「不忘本」的表現，都為「孝」的意識之所生發，近年來，中共之不以馬列主義、階級鬥爭為號召，而只以大陸錦繡的河山及中國傳統的針灸術、歷史文物、民間藝品等等求海外僑胞「認同祖國」、「回歸祖國」，而能收到相當的績效，即見「孝」之意識具有認同、凝聚的力量，中國文化能促進統一，可見一斑。然而僑胞只是認同、回歸於中國的文物，回歸於中國的歷史、地理，而不是認同、回歸於中共的極權及落後，中共所持的馬列主義之反人性，反中國文化，已不成其為中國，如何獲得吾人的認同？

唯人人有理性的自覺，便能生發道德的智慧，它能使人超越現實的種種障蔽，而看到一個理想的未來，正確地批判今日海峽兩岸的人文表現，而是是非非，從而知如何共同邁向一正確的文化路向，使中國成為頂天立地之國，此即：知馬列主義不能指導中華民族的社會、政治、文化之整體的未來方向，也知只是追求利潤、個人成功的資本主義社會的政治、文化、教育不能成為中國之未來方向，人類不應只是此「二分法」的社會，「中」國人當本著道德的智慧，超越此兩者，以行於「中」道，行於「中」道不是妥協，不是軟弱，而是《中庸》所謂：「中立而不倚，強哉矯」的「中」道，人人中立而不倚，就可本乎良心，本乎理智，找出中國應走的路向，而不問任何黨派、政體、以免淪於偏執，各據一立場，做無謂的對立與抗爭，此所以中華文化能促進國家的統一。

唯人人有理性的自覺、價值的自覺，自能生發惻怛的仁心，仁自消極方面言，是「己所不欲，勿施於人」，自積極方面言，是「己欲立而立人，己欲達而達人」，要之，即是一種

「不忍」的同情心，我之在此過自由、富足、安樂的生活，不忍大陸之中國人過貧窮、落後的生活，而思有以拯救之（如是，台獨意識自無由而生），大陸的同胞也不忍在台灣的中國人長此困擾於狹窄的生活空間，而思與之生活在一起，以共同開創、分享一中國之理想未來的成果，有此休戚與共的體識，自能加促台海兩岸的統一。

唯人人有理性的自覺、價值的自覺，然後才能對真理產生信心，對理想抱持希望，而生一敢於抗拒國際姑息、苟且、現實之逆流的道德勇氣，敢於否定不合理之「既成的事實原則」，而不視當前擁有廣大土地之專制政權為真正「中國」的代表，而堅信：專制政權之不合理的存在，只是中國歷史發展中之一暫時的事實，而不是一永恆的存在，故而敢於抗禦橫逆，不畏強權威勢（如六四天安門之血性的抗暴青年），共同為求一真正理想的統一中國而奮鬥。

總之，中國文化的精神蘊存著一股向真理、向理想、向永恆挺進之「沛然而莫之能禦」的神力，只要人人嚮往於文化，薰陶於文化，自覺自己不只是一種族之生命意義上的中國人，更是文化生命意義上的中國人，則在每一個人的身上，即可生發強烈的道德生命力，無限個中國人身上蘊存著無限的道德生命力量，即可整合、匯聚成一股強大的文化歷史使命感，而旋乾轉坤，使海峽兩岸的中國人統一於一理想的文化境界中。

五、國人應有的體識與努力的方向

很不幸的，四、五十年來的中國，仍一直處於人心相互離散，國家仍在分裂的氛圍中，人心之所以離散，國家之所以分裂而未見統一，癥結即在於人各有其所謂的「義」，各以其所謂的「是」來交相攻訐，墨子說得好：「方今之時，……天下之人異義，是以一人一義，十人十義，百人百義，其人數茲眾，其所謂義者亦茲眾。是以人是其義，而非人之義，故交相非也。內之父子兄弟作怨讎，皆有離散之心，不能相和合。至乎舍餘力不以相勞，隱匿良道，不以相教；腐朽餘財，不以相分。天下之亂也至如禽獸然。」（《墨子·尚同中第十二》）整個中國倘如發現不出人心與人心共同接觸之處，則此分裂、衝突將永不得免，國家的統一，也永不可能。

誠然，任何政治社會上的主義，在其初起，無不依於一人之道德的動機，而毛病就在其主義之化為一政治組織，化為一政策時，便忘了其最初的動機，然而一切人的自然心情之中莫不有大體上共同的良知，故而要促進國家的統一，乃必須從根本上去發現、建立人性人道，然後對一切事情的是非，才能從一切宗教的共同處去批判，從一切哲學所不能否認處去批判，從一切社會政治上的主義之提倡的原始動機處去批判，尤其當要從一切不屬於任何宗教，不懂任何哲學，不隸屬於任何政黨之一般人的自然心情去批判，此即要從人人所能共知共行的道德去批判，亦即從中國文化所具有的「理」去批判，中國文化講的是人性人道，講的是人之莊嚴神聖的精神生命，此人性人道，此人的精神生命乃人所原本具有者，古聖先賢只是發現它，而不是發明它，創造它，中國要統一，乃必須從這裡去求統一，要求得共識，也必須由這裡去求得共識。

回顧過去的歷史，中國之所以會有種種社會不安定的現象，之所以會演成今日兩岸的分裂，可謂都是由於國人道德的墮落與生命力的衰弱所造成，一切團結力、組織力、感化力之根源在道德，一切聰明、智慧、氣魄、意志之根源在生命力，道德的精神與生命力是人一切心力發源之所，吾人如不能提撕道德，則一切自私、排擠、冷酷的習氣，便會一直存在，吾人如不能培養出生命力，則一切怠惰、萎靡、苟安、畏難的毛病也無以化除，如是，經濟、政治、教育等等文化的措施都無法上軌道，只知頭痛醫頭，腳痛治腳，問題如無法獲得根本解決，統一的大業便遙遙無期，所以道德與生命力的淪失，實是當前中國最根本的危機。

是以要促進中國的統一，根本之道即在提撕全民的道德，加強全民的生命力，亦即必須從中華文化的復興著手。有鑑於此，李登輝先生即於「中華文化復興運動總會」成立之日，揭示文化復興三大方向：㈠從振興學術著手，落實於社會風氣的改造。㈡從改善文化環境著手，提昇國人氣質及道德水準。㈢加強文化藝術活動，充實國人生活內涵及思想性靈。此能從文化的「理」之求，落實到文化的「事」上，圖使人人培養出理性的自覺、價值的自覺，從而加強全民的道德生命力，正是振興我民族精神，加促我國家統一的根本之道。然而文化復興的工作不是政府可以一身單挑起來的，乃必須全民一起來配合，才能成功，只有大家同舟共濟，全力以赴，才能加促中國的統一，而我中華民族也才真有一光明的未來。

本書參考書目

1.《十五經古注易讀》 鄭玄等注 永康出版社
2.《金剛經集註》 朱棣注 文津出版社
3.《墨子集解》 張純一著 文史哲出版社
4.《續近思錄·廣近思錄》 張伯行編 世界書局
5.《盱壇直詮》 羅近溪著 廣文書局
6.《明夷待訪錄》 黃宗義撰 廣文書局
7.《老子白話句解》 何經倫譯解 華聯出版社
8.《十力語要》 熊十力著 洪氏出版社
9.《政道與治道》 牟宗三著 臺灣學生書局
10.《道德的理想主義》 牟宗三著 臺灣學生書局
11.《時代與感受》 牟宗三著 鵝湖出版社
12.《中國文化的省察》 牟宗三著 聯經出版事業公司
13.《生命的學問》 牟宗三著 三民書局

14.《心體與性體》 牟宗三著 正中書局
15.《道德自我之建立》 唐君毅著 臺灣學生書局
16.《中國文化之精神價值》 唐君毅著 正中書局
17.《人文精神之重建》 唐君毅著 臺灣學生書局
18.《中華人文與當今世界》 唐君毅著 臺灣學生書局
19.《中華人文與當今世界(補編)》 唐君毅著 臺灣學生書局
20.《人生之體驗續編》 唐君毅著 臺灣學生書局
21.《文化意識與道德理性》 唐君毅著 臺灣學生書局
22.《青年與學問》 唐君毅著 三民書局
23.《生活的藝術》 林語堂著 德華出版社
24.《吾國吾民》 林語堂著 德華出版社
25.《晚學盲言》 錢穆著 東大圖書公司
26.《文化學大義》 錢穆著 正中書局
27.《中國文化叢談》 錢穆著 三民書局
28.《孔子與論語》 錢穆著 聯經出版事業公司
29.《論中國庭園花木》 程兆熊著 明文書局
30.《中國哲學的現代化與世界化》 成中英著 聯經出版事業公司

31.《中國現代化的哲學省思》 成中英著 東大圖書公司
32.《儒學的常與變》 蔡仁厚著 東大圖書公司
33.《儒學思想的現代意義》 蔡仁厚著 文津出版社
34.《論語的人格世界》 曾昭旭著 尚友出版社
35.《且聽一首樵歌》 曾昭旭著 漢光文化事業公司
36.《性情與文化》 曾昭旭著 時報文化事業公司
37.《中國哲學與現代化》 劉述先著 時報文化事業公司
38.《儒學與現代意識》 李明輝著 文津出版社
39.《道德規範與倫理價值》 陳秉璋著 國家政策雜誌社
40.《儒家的生命情調—論語義理論叢》 戴朝福著 臺灣學生書局
41.《興盛與危機》 金觀濤、劉青峰著 風雲時代出版公司
42.《河殤》 蘇曉康、王魯湘著 風雲時代出版公司
43.《河殤討論集》 趙耀東等著 風雲時代出版公司
44.《中國文化的危機與展望》 杜維明等著 時報文化事業公司
45.《當代新儒學論文集(外王篇)》 劉述先等著 文津出版社
46.《中國現代化的歷程》 金耀基等著 時報文化事業公司
47.《中國文化論文集》 東海大學主編 東海大學出版社

國家圖書館出版品預行編目資料

中華文化的省思

／戴朝福著. --初版. --臺北市：
臺灣學生，民85
面； 公分
參考書目：面
ISBN 957-15-0799-7 (平裝)

1.中國 - 文化 - 論文,講詞等

541.262 85012188

中華文化的省思（全一冊）

著作者：戴朝福
出版者：臺灣學生書局
發行人：丁文治
發行所：臺灣學生書局
臺北市和平東路一段一九八號
郵政劃撥帳號〇〇〇二四六六八號
電話：三六三四一五六
傳眞：三六三六三三四

本書局登記證字號：行政院新聞局局版臺業字第一一〇〇號

印刷所：常新印刷有限公司
地址：板橋市翠華街八巷一三號
電話：九五二四二一九

定價平裝新臺幣一七〇元

西元一九九六年十一月初版

54126

究必印翻・有所權版

ISBN 957-15-0799-7 (平裝)

臺灣學生書局出版

中國哲學叢刊

①孔子未王而王論	羅夢冊著
②管子析論	謝雲飛著
③中國哲學論集	王邦雄著
④王陽明傳習錄詳註集評	陳榮捷著
⑤江門學記	陳郁夫編
⑥王陽明與禪	陳榮捷著
⑦孔孟荀哲學	蔡仁厚著
⑧生命情調的抉擇	劉述先著
⑨儒道天論發微	傅佩榮著
⑩程明道思想研究	張德麟著
⑪儒家倫理學析論	王開府著
⑫呂氏春秋探微	田鳳台著
⑬莊學蠡測	劉光義著
⑭先秦道家與玄學佛學	方穎嫻著
⑮韓非子難篇研究	張素貞著
⑯商鞅及其學派	鄭良樹著
⑰陽明學漢學研究論集	戴瑞坤著
⑱墨學之省察	陳問梅著
⑲中國哲學史大綱	蔡仁厚著
⑳儒家政治思想與民主自由人權	徐復觀著
㉑道墨新詮	光晟著

㉒中國心性論　蒙培元著

㉓管子思想研究　徐漢昌著

㉔譚嗣同變法思想研究　王樾著

㉕明清之際儒家思想的變遷與發展　林聰舜著

㉖張載哲學與關學學派　陳俊民著

㉗明末清初學術思想研究　何冠彪著

㉘道教新論　龔鵬程著

㉙儒釋道與中國文豪　王煜著

㉚帛書老子校注析　黃釗著

㉛中國古代崇祖敬天思想　王祥齡著

㉜黃老學說與漢初政治平議　司修武著

㉝近思錄詳註集評　陳榮捷著

㉞老莊研究　胡楚生著

㉟莊子氣化論　鄭世根著

㊱韓非之著述及思想　鄭良樹著

㊲儒家的生命情調　戴朝福著

㊳中國文化哲學　馮滬祥著

㊴朱子學與明初理學的發展　祝平次著

㊵明末清初理學與科學關係再論　張永堂著

㊶荀子集釋　李滌生著

㊷中華文化的省思　戴朝福著